风从东方来

Feng cong Dongfang Lai

宁波乡村振兴50例

李正平 ◎ 著

宁波出版社
NINGBO PUBLISHING HOUSE

图书在版编目（CIP）数据

风从东方来：宁波乡村振兴50例 / 李正平著. —宁波：宁波出版社，2021.8（2022.1重印）

ISBN 978-7-5526-4273-5

Ⅰ.①风… Ⅱ.①李… Ⅲ.①农村-社会主义建设-宁波-文集 Ⅳ.①F327.553-53

中国版本图书馆CIP数据核字（2021）第077551号

风从东方来
——宁波乡村振兴50例

李正平　著

责任编辑	刘佳佳　江一常
责任校对	孙秀秀
装帧设计	金字斋
出版发行	宁波出版社
	（宁波市甬江大道1号宁波书城8号楼6楼　315040）
印　　刷	宁波白云印刷有限公司
开　　本	787mm×1092mm　1/16
印　　张	20.75
字　　数	298千
版　　次	2021年8月第1版
印　　次	2022年1月第2次印刷
标准书号	ISBN 978-7-5526-4273-5
定　　价	78.00元

如发现缺页或倒装，影响阅读，请与出版社联系调换。电话：0574-87289976

Contents 目 录

序言 ······ 001

综述：天翻地覆慨而慷 ······ 003

001 **海曙区深溪村**
百叠青峦映深溪 山水古道传佳音 ······ 023

002 **海曙区李家坑村**
群山环抱古村落 农居乡游迎客来 ······ 029

003 **海曙区沙港村**
名人故里著新篇 千年古村呈新貌 ······ 035

004 **江北区毛岙村**
离尘不离城 景美人和谐 ······ 041

005 **江北区南联村**
隐居云湖山水间 风景如画新家园 ······ 047

006 **江北区鞍山村**
水韵乡村美如画 农旅融合奔小康 ······ 053

007 **镇海区十七房村**
江南古村呈新韵 甬商之源展新姿 ······ 059

008 **镇海区光明村**
双轮驱动图振兴 美丽田野绽新颜 ······ 065

001

009 **镇海区朝阳村**
　　打造田园综合体　建设美丽新乡村 ·············· *071*

010 **北仑区河头村**
　　青山相依河水碧　花田锦簇家园美 ·············· *077*

011 **北仑区大溟村**
　　观光故里好观光　一步一景好风光 ·············· *083*

012 **北仑区三山村**
　　科学规划谋新篇　彰显特色留乡愁 ·············· *089*

013 **鄞州区湾底村**
　　都市里的村庄　城市中的花园 ·············· *095*

014 **鄞州区上李家村**
　　凤凰涅槃创新业　阔步奔向"绿富美" ·············· *101*

015 **鄞州区陆家堰村**
　　探索治理新模式　打造和美特色村 ·············· *107*

016 **鄞州区走马塘村**
　　千年文明古村落　文旅融合新征程 ·············· *113*

017 **鄞州区勤勇村**
　　战天斗地改旧貌　凤凰涅槃开新篇 ·············· *119*

018 **奉化区滕头村**
　　一犁耕到头　创新永不休 ·············· *125*

019 **奉化区青云村**
　　千年古村改旧貌　联步青云踏新途 ·············· *131*

目 录

020 **奉化区金峨村**
　　党建引领开胜迹　漫山映红新农村 ……… *137*

021 **奉化区蒋家池头村**
　　金溪岸边好风光　乡风文明美家园 ……… *143*

022 **奉化区后畈村**
　　千年古村换新颜　缸瓦艺术添新彩 ……… *149*

023 **奉化区黄贤村**
　　文化古村新风貌　海韵渔歌绘画卷 ……… *155*

024 **奉化区马头村**
　　水墨码头新景象　古村艺术增魅力 ……… *161*

025 **余姚市横坎头村**
　　牢记嘱托奋勇争先　着力打造老区样板 ……… *167*

026 **余姚市邵家丘村**
　　道德立村谱新曲　文明花开满园春 ……… *173*

027 **余姚市小路下村**
　　文明和谐促发展　强村富民谋新篇 ……… *179*

028 **余姚市谢家路村**
　　开拓奋进谋发展　力当争先排头兵 ……… *185*

029 **余姚市柿林村**
　　青山绿水藏古村　粉墙黛瓦映柿红 ……… *191*

030 **慈溪市庙山村**
　　强村富民创新业　美丽宜居筑家园 ……… *197*

031 **慈溪市徐福村**
　　承续千年传奇　享乐和美乡村 ………… *203*

032 **慈溪市方家河头村**
　　古树古道古村落　绿水青山连金山 ………… *209*

033 **慈溪市傅家路村**
　　文化礼堂聚人心　民族团结促和谐 ………… *215*

034 **慈溪市垫桥村**
　　培育和美乡风　打造靓丽名片 ………… *221*

035 **慈溪市万安庄村**
　　文化兴村改旧颜　田园乡村展新卷 ………… *227*

036 **宁海县梅山村**
　　洁净美丽新山村　乡土风味蕴新风 ………… *233*

037 **宁海县许民村**
　　苦干实干加巧干　石屋古村好风光 ………… *239*

038 **宁海县南岭村**
　　农旅结合拓新路　生态宜居美山村 ………… *245*

039 **宁海县下畈村**
　　乡愁记忆中　田园诗画里 ………… *251*

040 **宁海县葛家村**
　　创意点亮乡村　艺术助推振兴 ………… *257*

041 **宁海县岭口村**
　　万朵千枝满谷中　和美诗村扬新风 ………… *263*

目 录

042 宁海县双林村
　　发挥绿水青山优势　奏响文明和谐新曲 ·················· *269*

043 象山县方家岙村
　　激活优质山水资源　谱写美丽乡村新篇 ·················· *275*

044 象山县溪里方村
　　乡村风貌存古朴　乡风文明创和谐 ·················· *281*

045 象山县墩岙村
　　美丽山村成画卷　乡村振兴展宏图 ·················· *287*

046 象山县何婆岭村
　　青山碧水环绕　小桥人家掩映 ·················· *293*

047 象山县旭拱岙村
　　党建引领强治理　文明实践促和谐 ·················· *299*

048 象山县高泥村
　　厚植海洋文化根脉　展现斑斓西沪新颜 ·················· *305*

049 杭州湾新区海星村
　　展美丽乡村新颜　创秀美和谐家园 ·················· *311*

050 东钱湖旅游度假区城杨村
　　探艺术振兴乡村路　绘美丽宜居家园图 ·················· *317*

后记 ·················· *323*

Preface | 序　言

"民族要复兴,乡村必振兴"。乡村振兴战略是习近平总书记亲自谋划、亲自决策、亲自推动实施的面向第二个百年目标的大战略。浙江是乡村振兴战略的源起地和省部共建乡村振兴示范省。从"千村示范、万村整治"工程到美丽乡村建设,再到实施乡村振兴战略,可以说是一张蓝图绘到底,一茬接着一茬干。通过与时俱进的迭代升级,让世代中国农民的乡村家园,也让每一个离乡进城的新城市人乡愁记忆中的乡村变得越来越美丽,越来越文明,越来越富裕,越来越有个性,越来越与时代同框,这就是今天浙江的农村。而今天向大家推荐的《风从东方来 —— 宁波乡村振兴50例》就是走在浙江"千万工程"、美丽乡村建设、乡村振兴战略前列的宁波乡村振兴最新沉浸式的经验总结,也是一位多年从事基层思想教育和文明创建工作的同志用脚丈量出来的经验,是来自50个宁波美丽乡村故事的集萃,是我多年好朋友李正平对宁波乡村的深情表达。

这50个宁波美丽乡村中我都去过一些,既有几十年"老先进"的老树新花,也有名不见经传的新锐典范;既有产业强村的样板,也有艺术兴村的"网红",更有党建引领的头雁,可以说这是一本乡村振兴的万宝全书。乡村振兴的五大总体要求、五大文明建设、五大振兴举措,你想要的经验、典型几乎都囊括其中,可以说这是集宁波乡村振兴先进典型、先锋经验之大成!

李正平用脚丈量出来的用心总结的50个乡村振兴案例,个个都是铮亮的明珠,闪耀着创新的光芒。李正平的可贵之处在于把这一颗颗珍珠按乡村振兴的规律串成了一串闪耀特别光芒的珍珠项链,成为可看可学可体验可借鉴的创新范例。如从村庄发展类型看乡村振兴路径：滕头村、湾底村、横坎头村三个不同类型的村却以三句话揭示了乡村振兴战略中大家最关心、最难突破的产业兴旺的创新之道。第一句话："从一产到二产到三产"，第二句话："再到高端一产高端二产高端三产"，第三句话："再到一产二产三产融合发展"。三句话让产业兴旺的经验跃然纸上。再如乡村振兴的奥妙在哪里？智者见智，仁者见仁，李正平总结出来的"党建引领、产业发展、绿色生态、村庄治理、道德建设、文化繁荣"的六条真谛即乡村振兴的奥妙所在。又如对乡村振兴中最重要、最难处理好的几个关系问题，李正平也以八个关系将其整理出来，其总结的"传承与创新、里子与面子、规划与计划、政策与策略、城市与乡村、要我做与我要做、干部队伍与人才队伍、想法与办法"等都体现了作者对乡村振兴内涵的深刻把握，具有很强的针对性和现实指导意义。再如关于守初心、有信心、下决心、定恒心"四心"的总结概括，恰到好处地把我们应如何实施乡村振兴战略的思想作风要求形象地表达出来了。

简而言之，这本用脚丈量、用心撰写的好书必将对浙江乃至全国的乡村振兴战略起到添砖加瓦、指路明理的作用，也期待作者有更多新作品问世！

2021 年 6 月

Overview | 综 述

天翻地覆慨而慷
宁波市实施乡村振兴战略的壮美画卷

习近平总书记指出:"中国要强,农业必须强;中国要美,农村必须美;中国要富,农民必须富"。党的十九大提出实施乡村振兴伟大战略,是建设现代化经济体系的重要基础,是建设美丽中国的关键举措,是传承中华优秀传统文化的有效途径,是健全现代社会治理格局的固本之策,是实现全体人民共同富裕的必然选择。

宁波作为沿海较发达地区,几十年来,从温饱不足到全面小康,走出了一条切合中国特色、符合时代特征、具有宁波特质的"三农"发展之路,取得了辉煌的成绩,农村大地发生了翻天覆地的变化。可以肯定地说,农村的变化是巨大的,而且是实实在在的,农村也好,农民也好,城市也好,市民也好,大家都是受益者。

从2019年下半年开始,笔者选择了50个发展比较好的宁波农村开展调研,在一年多的时间里,一一走访了这些村庄,实地查看村庄的发展状况,座谈听取村干部的所述所思,探寻农村发展轨迹,总结成功经验,思考发展奥秘,着眼发展前景。有关调研情况汇总如下:

一、从村庄发展类型看乡村振兴的路径

2018年是中国改革开放40周年,2019年是中华人民共和国成立70周年,2020年是中国全面建成小康社会的收官之年,刚刚召开的党的十九届五中全会提出开启全面建设社会主义现代化国家的新征程。在这个节点上,来看农村、看乡村振兴、看全面建成小康社会。可以说,这几十年来,从新中国成立开始到改革开放,到全面实现小康,农业、农村、农民问题,一直都是关系国计民生的根本问题,而解决好"三农"问题更是全党工作的重中之重。

"小康不小康,关键看老乡。"在开启新征程的时候,回头来看一看,几十年来农村取得了巨大的成就,特别是在经济较发达的沿海地区,像江浙一带,像宁波这样的城市,是怎样走过来的。回顾过去是为了更好地展望未来,更好地做好今后的工作。从宁波50个村的发展路径看,大方向是一致的,都走出了比较成功、各具特色的发展道路。归纳起来主要有三种类型,可以用三个不同时期的典型村庄来说明。

第一个,滕头村。 奉化区滕头村是在农业学大寨中起步的村。当年奉化县树立了农业学大寨"十面红旗村",其中就有滕头村,是个典型的"老先进"。这么多年下来,滕头村一如既往、不断前进,敢于创新、勇立潮头。其根源在哪里?在于"一犁耕到头"的"滕头精神"。

从20世纪60年代初开始,滕头人立志改土造田拔穷根。整整15个春秋,他们在老书记傅家良同志的带领下,一鼓作气投入43万元,搬掉136座坟堆石墩,填平29个河槽池塘,新挖了万米地下渠道和1400米河道,铺设了8500米机耕路,终于把1200多丘的杂碎田地,改造成了200多块大小划一、方正平整、排灌方便的良田。使"田不平、路不平、亩产只有二百零"的贫困落后小村子,变成了"田成方、屋成行、清清渠水绕村庄"的新农村。

改革开放后,他们抓住契机办乡村企业。1979年9月,成立了奉化滕

头服装厂,也就是现在的爱伊美集团有限公司。随后,滕头村的企业如雨后春笋般兴起,现在滕头村还有几十家企业,为滕头村的发展壮大奠定了雄厚的经济基础。而早在1993年,滕头村就成立了全国最早的村环保委员会,坚决拒绝对环境有负面影响的工业项目。村里先后投入8000多万元,全面实施了"蓝天、碧水、绿色"三大工程,兴建了农家乐园、滕头凉棚、石刻窗花馆等20多处生态景点,实现了人与自然的和谐相处,形成了生态农业、低碳工业、特色产业等良性联动的发展格局和别具一格的生态旅游区,在国内外都享有盛名。回头想想,20世纪70年代初,正是乡村企业大办特办的时候,竟然有一个村连很赚钱的企业都不要,就开始搞环保,这是很不容易的。应该说滕头村集体的战略眼光是非常好、非常超前的。

在现代化新农村建设中,他们大力推进"三农一体"、"三生"互促,搞好生态的同时搞旅游,搞文旅产业,实现休闲农业发展方式由粗放向集约、产品服务由低端向高端转变,探索形成"景区+村庄""生态+文化"的乡村旅游新格局,做到了"处处是景区、家家是景点、人人是景色、时时有景致",使整个村庄成了全国首个5A级乡村旅游景区。2020年旅游接待128万人次,旅游综合收入1.89亿元。

第二个,湾底村。 鄞州区湾底村是乘着改革开放东风腾飞的村。改革开放初,大力发展粮食生产,村民终于填饱了肚子。这个话今天说可能很多年轻人不理解,现在大家好像只有太饱的感觉,没有饿的感觉。村干部告诉笔者:改革开放之前我们湾底村真的是吃不饱的,是饿肚子的,改革开放以后,农民的积极性充分调动起来,大力发展粮食生产,才开始填饱肚子。

湾底村也是抓住机会办乡村企业,才鼓起了钱袋子。村里的龙头企业——天工工具有限公司,是一家具有30多年历史、享誉工具界的专业制造手工工具的企业,产品以木工工具和专业级的钻头系列为主,素以产品质量高著称,在产品开发和应用上处于行业领先地位,业务遍及全球。

湾底村从21世纪初开始搞村庄建设,2001年起持续5年的拆旧建新,全村8个自然村,当时都是破破烂烂的,除一个房子相对好一点的,保留下来改建为"西江古村",打造成了一个旅游景点。其他7个村,6万平方米的房子全部拆掉盖成新房子,一共盖了10万平方米,1000多位村民全部住进新房。

接着,他们利用地处城市近郊和现代农业发展的优势,开始搞农业产业园,搞文旅产业。2004年,村里通过旅游规划和资源整合,组建了旅游公司,建成了以桑果基地为主体的15个休闲观赏点,3条旅游线及配套的餐饮业。西江古村、精品植物园、生态餐厅等旅游项目接连建成开张,桑果等各类农果的采摘、田间垂钓和自助烧烤等旅游项目应声而起,吸引了众多的游客。湾底村从此走上了旅游业的康庄大道,每年还通过举办"桑果节"等活动,不断打响休闲旅游品牌。目前全村年接待游客已达55万人次,总收入达3781万元。

第三个,横坎头村。 余姚市横坎头村是在新农村建设中实现美丽"蝶变"的村。2003年春节前夕,刚刚担任浙江省委书记的习近平同志专程到革命根据地调研,到了梁弄镇、到了横坎头村,他提出了建设"全国革命老区全面奔小康样板镇"的殷切期望。横坎头村的干部群众都想把村子搞好,但是不知道从哪里下手,他们都知道红色根据地在自己村里,却从没有想到要把它打造好,开发弘扬起来。习近平同志一句话点醒了他们,他们开始大力发展红色旅游,村里实施了党建全域亮显工程,串联浙东(四明山)抗日根据地旧址群、新时代文明实践站、红色主题公园、党群服务中心等多个红色元素,打造红村"初心之旅"精品线路,年吸引全国各地游客70万人次。

同时他们开始思考,在这个交通不便、土地贫瘠的山区怎么发展生产?2003年,村里请了农科院专家来调研,结论是这里土壤条件特别适合种樱桃。于是村里顶着很大的压力,集体流转了70多亩土地,创建了全镇首个樱桃种植基地。经过三年培育,终于迎来樱桃大丰收,亩产值从原来种水稻的几百元猛增到万元以上。目前全村樱桃、茶叶、杨梅、猕猴桃、蓝莓等绿色产业种植面积1000多亩,果树种植率已达90%以上。村内有休闲农业观光采摘基地10余个、培育家庭农场20余家,每年观光农业旅游收入超过1000万元,有效地加快了群众增收致富的步伐。

接着他们开始搞村庄改造。10多年前,横坎头村还是一个交通闭塞、房屋破旧、村民收入低的薄弱村,老一辈村民说,"横坎横坎,横看竖看看不到头"。这些年来,全村党员干部艰苦奋斗、一心一意带领村民发家致富,村集体收入从负债45万元跃升至年收入百万元,获评全国文明村,村民们踏上了小康路。

2018年初,村里党员给习近平总书记写信,报告他们村获评全国文明村的喜讯。很快,2月28日,习近平总书记给村里全体党员回信,勉励他们"传承好红色基因,发挥好党组织战斗堡垒作用和党员先锋模范作用,同乡亲们一道,再接再厉、苦干实干,结合自身实际,发挥自身优势,努力建设富裕、文明、宜居的美丽乡村"。他们认真贯彻落实习近平总书记的回信精神,按照"一年出形象、两年上水平、三年树样板"的要求,大力发扬艰苦奋斗、自力更生的老区精神,强化红色党建引领,用好绿色资源优势,发展特色产业经济,做大做强红色旅游,不断壮大村级集体经济规模,培育弘扬良好乡风,实现打造革命老区全面奔小康样板村、乡村振兴样板村、新时代党建样板村的目标。

从这三个类型的村可以看出乡村振兴的路是怎么走过来的,概括起来是三句话:

第一句话,从一产到二产到三产。一产,改革开放之初,包产到户,粮食丰收,吃饱了饭。二产,改革开放大潮中,大力发展乡村企业,淘到了第一桶金,鼓起了钱袋子。三产,开农家乐、办民宿、搞乡村旅游、兴办服务业,踏上了新路子。

第二句话,再到高端一产、高端二产、高端三产。也可以定义为"三高":高收入、高科技、高人气。

高端一产一定是高收入,否则就不叫高端一产,还是原来概念上的一

产。这里举几个例子:

滕头的水稻。在与村干部座谈的时候,笔者问:这样说起来滕头村是不是已经没有一产,只有二产和三产了?村干部说:我们有一产,而且还有大面积的一产。我们种水稻,还种有好几百亩的水稻。我们的水稻跟别人的不一样,别人的水稻卖一块钱,我们的水稻能卖五六块钱,所以我们的一产是高收入的一产。

第二个例子,柴桥的花卉。北仑区柴桥街道是中国"杜鹃花之乡",以花木为主导产业,产品有各类杜鹃花、茶花、茶梅、龟甲冬青、红叶石楠等上百种。其中,杜鹃花是最引人注目的,无论是种植规模,还是商品苗存量,在全国都位居前列。原以为杜鹃花是很普通的花卉,但到了柴桥才知道,杜鹃花竟然可以这么丰富多彩,可以说是五颜六色、争奇斗艳。而且种杜鹃花效益很好,比较好的品种可以卖到几千甚至上万元一盆。

第三个例子,高泥的黄鱼。象山县的高泥村靠近海,村民本来主要种水稻,后来养殖大黄鱼和鲈鱼,目前高泥村是浙江省最大的网箱养殖基地,全村有160户村民从事养殖业,养殖的大黄鱼、鲈鱼等远销韩国和日本等地,总产值高达1.4亿元,其中黄鱼产值就是一个亿。

高端二产就是高科技。余姚市的舜宇集团,最早是乡村企业,成立于1984年,2007年在香港联合交易所主板上市,是国内首家在香港上市的光学企业。该公司长期深耕于光学产品领域,30多年来一直以光学零部件为核心,并进行上下游的整合,是国内领先的综合光学产品制造商,产值已达500多亿元。它生产手机、照相机的镜头,科技含量非常高,国内外许多知名品牌的手机都是用它的镜头。

高端三产是高人气。三产是服务业,是为人服务的,所以一定要有人来,而且随着社会的发展和人民生活水平的提高,要逐步向高端发展。这个高端不一定是高价位的,但一定是高品质的。这里有几个例子:

一是高端民宿。现在农村民宿的发展,还是要多层级、多类别,但一些已经发展得非常好的村,要进一步做大做强,就需要有高端民宿,以增强实力、提升内涵、扩大影响。像江北区的南联村、鄞州区的勤勇村、象山县的溪里方村等,都有比较高端的民宿,这些民宿已经成为这些村子闪亮的名片。

二是精品旅游。农村搞三产,发展文旅产业,就要吸引游客来。但游客来了干什么?所以要有比较精致的线路、设施、项目、活动等等,让人家愿意来,来了之后待得住、还想来。最典型的像滕头村,文旅产业不断推陈出新,长盛不衰,常年吸引八方来客。新发展起来的有海曙区的李家坑村、奉化区的黄贤村、余姚市的柿林村等,都已经成为众多游客的目的地。

三是景区村庄。农村发展文旅产业,最后一定是全域化的,整个村子就是一个景区。不可能一个村庄一半靓丽、一半灰暗,这样的村子是做不好的。现在有许多村子已经做得很好了,像江北区的毛岙村、奉化区的金峨村、宁海县的双林村、象山县的方家岙村等,都成了"网红打卡地"。

第三句话,再到一产、二产、三产融合发展。这是发展的方向,也是必然的趋势。从调研情况看,只有一产,经济实力难以提升;而没有一产,就不像农村,也难以提升人气,不利于二、三产业,特别是三产的发展。现在不论是一些老典型,还是一些新发展起来的村庄,大多还是望得见山、看得见水、记得住乡愁的。

当年在宁波推进农村文明示范线建设,不同区域实施不同类型:在沿海建"斑斓海岸"文明示范线,在山区建"五彩四明"文明示范线,在平原建"绚丽浙东"文明示范线。而第一条文明示范线,就是在象山县黄避岙乡建设的"斑斓西沪"文明示范线。当时设想的一个主要内容,就是在这条示范线上的6个村,都要一产、二产、三产融合发展。在宁波推行后,逐步实现连点成线、连线成片、连片成面,最终达到区域融合、城乡融合发展。现在宁波已经推出了57条文明示范线,带动70多个乡镇(街道)、350多个村更好更快发展,已经成为宁波市农村精神文明建设的新亮点,成为助推乡村振兴的一个重要载体。

二、乡村振兴的奥妙

乡村振兴的奥妙仁者见仁、智者见智,从调研的情况看,归纳起来主要有6条:党建引领、产业兴旺、绿色生态、村庄治理、道德建设、文化繁荣。

第一条,党建引领。乡村振兴,党建是核心。从调研情况看,所有发展得好的村,党建工作都做得很好。这样的例子非常多,像江北区的公有村、鄞州区的陆家堰村、慈溪市的傅家路村、象山县的旭拱岙村,等等。这些村都是党建工作搞得好,党组织团结一致、凝心聚力、坚强有力,党员干部的作用发挥得好,带领干部群众艰苦奋斗,村庄面貌发生了很大的变化,各项事业欣欣向荣。象山县墩岙村的村口立了一块大石头,上面刻着习近平总书记的一句话:"基层党组织必须坚强,党员队伍必须过硬"。有了这两条,村子不会差的。现在有一些村庄不仅自身党建工作搞得好,还探索开展区域党建,会同周边的一些村庄,组织"党建联合体",以党建促全面发展、区域发展。如奉化区的滕头村、金峨村,余姚市的横坎头村等,都发挥了更加积极的作用。

第二条,产业兴旺。乡村振兴,产业兴旺是前提。宁波农村之所以能做到现在这么好,很重要的一条就是产业兴旺。从调研的情况看,无论是老典型,还是新发展起来的村,都有一定的产业为基础、作支撑。许多村书记都谈道:产业一定要兴旺,特别是要发展壮大集体经济,这是最基本的。如果产业不行,就会后续乏力,难以为继。这些村都是这样走过来的,而且其中不少村在原有传统产业的基础上,大胆探索新的产业模式。如鄞州区的湾底村投资教育事业,江北区的鞍山村开办手作文化产业园,北仑区的三山村建儿童拓展中心,奉化区的滕头村、慈溪市的徐福村投资康养产业,宁海县的葛家村、东钱湖旅游度假区的城扬村以艺术振兴乡村等等,这些举措使村庄有了新的经济增长点,成为各地效仿的典型。

第三条,绿色生态。2003年,时任中共浙江省委书记的习近平同志在深入调研、准确把握浙江"三农"工作和城乡关系阶段性特征的基础上,适应人民群众新期待,亲自点题、亲自谋划、亲自部署推动了"千村示范、万村整治"工程。党的十八大以来,在习近平总书记的直接关怀下,"千万工程"不断取得新成就。近20年来,浙江深入实施"八八战略",积极践行"绿水青山就是金山银山"的重要理念,持续深化"千万工程",造就了万千美丽乡村,成效是巨大的。

调研中看了这么多村,没有一个村是发展得很好而面貌是"脏乱差"的,都是绿水青山。除了村庄实行完善的保洁制度,人员、经费、制度到位,保证了村庄的整洁美观,还有一项工作功不可没,那就是农村生活垃圾分类。许多村垃圾分类开展得早、成效好,可以说比城市做得都要好。像北仑区的三山村,宁海县的梅山村、下畈村,象山县的溪里方村等,制度完善、特色明显,不但备受群众拥护,而且已经成了村民日常的生活习惯。这是一项利在当代、功在长远的事业,既有利于村庄环境的改善,也有利于村民素养的提升,必须下大力气推广普及。

第四条,村庄治理。农村的治理与村庄的建设紧密相连、相辅相成,是提高现代治理能力和治理水平的重要组成部分。

鄞州区上李家村是联合国教科文组织授予的"全球500佳"生态治理优秀村。这个村的亮点就是村庄治理。村里有管理干部的条例,也有管理村民的条例,所有的事情都列入了正负面管理清单。只要发现村里出现新的问题,村委员就研究分析提出方案,村民大会讨论通过后,修改修订《村规民约》,增加管理的内容,慢慢地村庄所有的事情都有章可循、有规可办。最厉害的是每月公布的"红黑榜",村民做了好事,或者评上了道德模范、优秀志愿者等,就荣登红榜,在村文化礼堂前的大屏幕每天滚动播放。要是违反了清单管理的条例,就会上黑榜,也在那里每天滚动。除了上黑榜,在村里的福利中还会被扣钱,这个很厉害,村民很看重。虽然钱不是很多,但谁家要是被扣分、扣钱了,脸上很没有面子。上李家村还把城区划停车线的办法用到村里,划了600多个标准停车位。所有人开车到村里,一个轮子都不能压在线外,否则被人举报或被探头看到后,就要上黑榜。笔者在该村走了一圈,没有发现一辆车子是停在线外的,甚至连车轮压线都没有看到。

现在许多村适应新形势,运用新理念、新技术、新手段来加强村庄的治理,如村民说事、网络说事、书记一点通、智慧平台等,特别是数字乡村建设的推进,取得了事半功倍的效果,值得总结和推广。如余姚市的谢家路村,在原来成功实施"小板凳工作法"的基础上,创新推出"智慧板凳",设立智慧平台、建立信息数据库、覆盖全村管理网格、完善自治管理的闭环服务区,实现"一网管全村",使村民最多跑一次、最多跑一地、最多反映一次,一百多个事项即刻直接办理。

在不断提高村庄治理能力的同时,许多村都在探索提升村庄的公共服务水平,把城市的公共服务功能引进或延伸到农村,为村民的生产、生活、教育和娱乐等提供了极大的便利。像镇海区的光明村、余姚市的小路下村、慈溪市的庙山村等,开办村民服务中心或者叫办事大厅,诸多事项可以一站式办理。还有的村庄建造老年公寓和幼儿培训机构,开办老年食堂,不但解决了老年人的吃饭问题,还消除了子女们的后顾之忧,受到群众的普遍欢迎。笔者在北仑区三山村、奉化区蒋家池头村等地都看到,当地农村推行"老年食堂+志愿服务"的模式,年纪轻一些的老人组成志愿服务队,轮流做饭送饭、照顾年纪大一些的老人,特别是行动不便的老人,该模式解决了当下农村实际存在的一个大问题,是个很好的做法。

第五条,道德建设。 农村的道德建设一刻也不能放松,这是一个村庄发展和巩固的重要根基。尤其在经济和各项事业快速发展的当下,加强农村思想道德建设和精神文明创建工作,使村民不断提高认识、开拓视野,顾全大局、关心集体、守法遵规、邻里和睦至关重要。除了传承优秀的道德传统,还有许多新的内容、新的形式、新的手段、新的途径,可以建设得既丰富多彩,又深入人心,形成见贤思齐、崇尚道德的良好氛围。像海曙区深溪村的"爱心联谊会"、余姚市邵家丘村的"道德银行",慈溪市傅家路村的"民族团结"、宁海县岭口村的"六和"等形式,都各有特色,成效明显。

农村是"熟人社会",邻里之间、家庭成员之间既互帮互学,又互督互促,形成了内在的有机联系。在农村培塑各类典型、评比表彰各种先进,如最美家庭、星级文明户、好公婆、好媳妇等等,往往影响大、效果好。道德建设挂牌是现在普遍采用的方法,笔者在宁海县下畈村一户人家门口看到,竟然挂了5块牌子,"美丽庭院""党员中心户""美丽家庭""家风家训",还有"法律明白人",很形象、很生动,一目了然。

第六条,文化繁荣。农村的文化繁荣主要体现在三个方面:

第一是阵地建设。现在农村主要有文化礼堂、文化广场、文化公园等设施。这些年浙江文化礼堂建设成就斐然,到2021年要实现文化礼堂全覆盖,让文化礼堂成为农村最主要的文化阵地。宁波文化礼堂"建管用育"也搞得很好,走在全省的前列。调研中笔者看了很多文化礼堂,不仅发挥很好的作用,有许多还很有特色。像鄞州区的勤勇村,文化礼堂是由二十世纪七八十年代的老厂房改建的,既有独特的外观,又契合了村庄几十年发展的内涵。慈溪市的万安庄村,重新改建文化礼堂时,由本村的乡贤牵头,结合当地丰富的文化资源,开办文化集市,吸引国内有名的团队和书画家入驻办展、搞活动,极大地丰富了文化礼堂的内涵。

很多村都会有文化广场。调研中看了这么多村的文化广场,笔者的体会是文化广场比文化礼堂的利用率更高,为什么?文化礼堂要有人管,有人开门,有人搞活动。而文化广场一天24小时全部开放,随时随地可以去活动。天蒙蒙亮就有人在那里锻炼,许多活动一直搞到晚上。比如江北区鞍山村、奉化区蒋家池头村、余姚市小路下村、慈溪市傅家路村、象山县方家岙村等的文化广场都搞得很好。

文化公园。一个村哪怕发展一般,但如果有一个精致的文化公园,这个村给人的感觉就会不一样。比如海曙区的深溪村,这个村发展得很快,虽然还不是发展得最好的一类,但这个村有一个锋领公园很漂亮,村子的品位就不一样了。还有慈溪市的垫桥村,不仅将文化公园建得小桥流水、亭台楼阁相映成趣、绿树成荫,而且通过村里的水系和道路,把村里的历史古迹、各种公共服务设施相贯通,形成了一个体系。

还有的村充分利用自身的资源和优势,建起了小型博物馆和专题纪念馆、纪念园等,发掘历史文化内涵、发挥名人名家效应,也产生了很好的宣传教育效果。如海曙区沙港村的全祖望故居博物馆、北仑区大溟村的钟观光故居纪念馆、宁海县岭口村的舒岳祥纪念园等。

第二是队伍建设。现在农村有各种文体团队,好的村不仅有团队,而且还很专业,拉出来都可以办晚会。这些在农村土生土长又十分活跃的队伍,不仅丰富了农村的精神文化生活,而且极大地提升了农民群众的精神文化素养,有许多还在推进村庄治理、促进村民和谐中发挥了积极的作用。

第三是文化活动。现在农村的文化活动可谓丰富多彩。各地都广泛开展各种各样的活动,丰富群众的精神文化生活。文化活动可以说是月月办、周周有、天天演,体现了社会主义核心价值观和中华文化内涵;老百姓喜闻乐见,广泛参与;发挥凝聚人心,促进和谐的作用。现在许多村都积极组织开展各种节庆活动,这对于丰富群众精神文化生活、弘扬优秀传统文化、提升村庄知名度和美誉度起到重要的作用。但也要注意去伪存真、去粗取精,结合实际,注重实效。

三、乡村振兴中需把握的八个关系

1.传承与创新的关系。要注重外在的传承,更要注重内在精神文化的传承。在调研中发现,有的地方把老房子保留下来,修缮一新,但是里面空空荡荡。这个村既然有这么多老房子,当年住在老房子的人应该创造了很多有内涵的东西,这些东西在哪里?没有了,断了,这样不行。

要在传承中创新,在创新中传承。一味地复古、一味地摒弃都不可取。毛主席说过,"洋为中用、古为今用""取其精华、去其糟粕"。宁波有一批传统古村落，经科学保护、合理开发利用，从原来破败不堪，到现在焕发新的生机，其中的经验值得好好总结，如鄞州区的走马塘村，镇海区的十七房村，奉化区的青云村、马头村，宁海县的许民村，慈溪市的方家河头村等。

象山县的高泥村。这个村在实施文明示范线建设的时候，就想发掘一下村子的文化底蕴。村民们说：当年清朝政府就想在我们村建军港，不只是想，还在这里设立了一个军港建设筹备的办事处，盖了房子，有一个办事机构。到了民国时期，孙中山也想在这里建军港，还派人来勘察过。新中国成立以后，人民海军也想在这里建军港，最后选来选去，在海湾的对面建了军港。当年清朝办事机构的房子老早没有了，虽然地基还在，但已是一户人家的菜园，菜园也没怎么打理，就荒在这个地方。于是村里就把菜地从这户农民手里收来，建了个军港遗址公园。这是很好的爱国主义教育基地。

2. 里子与面子的关系。里子的内容比较多，包括经济发展动力、历史文化内涵、文明和谐机制等；面子就是整洁美观，让人看了舒服、眼睛一亮。面子很重要，里子更重要。调研中看了很多村，有的村既有面子也有里子，就非常好。但有的村有面子、没有里子，面子不可持续；有的村有里子、没面子，见不得人。宁波现在已经有一批村达到了里子与面子较为完美的结合。现在的问题是，老典型如何老树发新枝，百尺竿头更进一步？新发展起来的村不能光有鲜亮的面子，要尽快找到新的经济增长点，把政府的输血功能转变成自身的造血功能，使美丽村庄转化为美丽经济，不断增强发展的动力和后劲。

3. 规划与计划的关系。村里一定要有一个统一的规划，而且要一以贯之。规划要经得起时间与历史的考验，不一定要花大价钱搞得很高端，契合本村实际，管用就行。还要有实施的计划，要一步一个脚印，脚踏实地去贯彻规划。要把村民的住宅、田地都规划好，要整体规划，只有把产业布局和村庄建设统一起来，才能够展现村庄的整体风貌。

4. 政策与策略的关系。现在从中央到地方，对农村指导、支持、扶持的政策很多,但是很多村没有策略或缺少对策。上面的政策下来,大多带着项目、带着资金。调研中发现,有的村总是能够抓住所有的政策和项目,一直不断地向前发展。但有的村从来没有抓住,一直跟不上。这就是策略,要及时了解政策、熟悉政策、掌握政策、对接政策、运用政策、落实政策。十九届五中全会对农村的发展做了一个长远的规划,随着乡村建设行动的开展,乡村会有很大的发展变化,国家会出台许多新的、更契合当前农村实际的、力度更大的具体政策。各地要认真学习领会,及早谋划对接。

5.城市与乡村的关系。以前多是把城乡隔开的,城市归城市建设,乡村归乡村建设。实际上城乡是分不开的。很多发达国家的城乡实际上没有太大的差别,很多人住在乡村跟住在城里感觉差不多。这是我们的一个短板,也正是"全面推进乡村振兴"要达到的目标,否则现代化就是不全面的,乡村振兴也是难以实现的,共同富裕就是一句空话。根据当前农村实际,要"以城带乡、以乡促城、互学互建、共促共进"。宁波有一个很好的做法,2003年以来,广泛开展了"城乡结对、共建文明"活动,全市所有的700多家文明单位,每家单位结对一个村,共结对了700多个村。很多单位做得很不错,对推动文明村镇创建、促进城乡共建起到了积极作用。

现在一些经济实力比较强的村、得益于大工程和大项目实施的村、近郊村等,与城乡的差距在缩小,群众受益比较多。如老典型滕头村、湾底村、徐福村等,新发展起来的海曙区沙港村、杭州湾新区海星村等。但广大的农村如何实现城乡统筹发展还是一个大课题,需要积极地探索体制机制、方法途径。

随着乡村旅游和民宿经济的蓬勃发展,大量的城市居民走进乡村,并住到了乡村,有的人经常甚至长期住在乡村,这对于城乡交流、城乡互动、城乡融合,是非常有好处的,有利于互相学习、取长补短、共同促进。但这其中也要加强各方的引导和管理。大量游客的到来给村庄的环境卫生和交通管理等都带来不小的压力,而且如何在带给村民增收的同时,增强集体经济收入,提升村民道德文化素养,也是迫在眉睫的问题。

6.要我做与我要做的关系。虽然现在政府的支持、政策的推动、项目的实施对农村的发展很重要,但长久发展还是要充分发挥村民群众的主体作用。

奉化区大堰镇的后畈村就是一个典型。这个村当时在环境卫生集中整治的时候,清理出一大批废旧的砖瓦、缸片,准备花钱雇人拉走倒掉。这时候村里有几个泥瓦匠提出来说,这些废旧东西可以利用起来,做成一些小品、雕塑。村里觉得可以,让他们试试。结果做出来的造型很漂亮,就开始让大家都来做,村里做了很多这样的雕塑。这个村被装饰得很漂亮,成了"网红村"。

宁海县葛家村就更典型。中国人民大学的丛教授带着研究生到宁海做社会实践,恰逢宁海在搞艺术振兴乡村,宁海县政府挑了几个比较好的村邀请丛教授去。丛教授不感兴趣,说要去比较差的村,就选了葛家村。一开始葛家村村民不理解,以为丛教授来了以后,就是讲几堂课就走了,骗他们钱的。然而丛教授带着研究生住在村里,先住了十几天,后来又住了二十几天,让这个村子整个面貌焕然一新。丛教授团队用了不长的时间、不多的钱,把村民内在追求艺术的细胞激活了。丛教授把村里的木匠、瓦匠、泥水匠都调动起来,虽然做得很辛苦,但是也很快乐,成品做得非常漂亮。后来丛教授帮村里建好队伍,把能工巧匠培养成师父,这些师父又带着徒弟到周边的村庄去做,现在还到贵州与宁波结对的县里村里去做,发挥了更大的作用。

7.干部队伍和人才队伍的关系。

干部队伍。农村有一句话,叫"村看村,户看户,群众看干部,干部看支书"。的确是这样,农村干部队伍建设很重要,"领头羊"更重要。

在调研中一些村书记反映,自己年纪偏大,虽然有农村工作经验,但知识水平偏低,难以适应当前的工作需要,希望能有更多的学习机会,比如参加一些高质量、有针对性的培训,特别是专门对发展得比较快的村的书记的培训,以开阔眼界、借鉴经验、提高站位、增强能力。有村书记建议,要特别注重培养选拔年纪轻、学历高、见识广、有成就的人来担任村里的"一把手"。

在调研中,一些村干部也提出,希望进一步加大对村干部特别是村书记工作的关心和支持力度。尤其是现在发展得比较好的一些村,村干部特别是村书记,压力大、事情多,面临的困难、问题和矛盾也多,有的还要兼顾自家的企业,需要各方更多的理解、支持和包容,营造更加有利的工作氛围,以保证工作和生活的顺利进行。

人才队伍。农村的人才队伍建设非常重要,也非常紧迫,因为现在农村缺人才,既缺村里开门办事的支撑性人才,更缺有自己的想法和项目,来实现自己的抱负和价值的引领性人才。

农村人才队伍的组成应该是很宽泛的,专家学者(包括各级干部)、能工巧匠、各类专业人员、回乡青年、大学生、新乡贤、游客等等,只要对农村发展有用的,都是人才。

要采取有力有效的措施,让各种人才回乡到村,尤其是要让年轻人愿意来、能住下、立得起。这里特别要讲到"新乡贤"。中国历史上、农村历史上,一直以来都有乡贤回村的佳话,是一种非常宝贵的优秀传统文化。现在也应该大力提倡、鼓励让"新乡贤"回到乡村里去,让各路人才进村入户,造福桑梓。

引进人才,不能只引进城市人才、企业人才、科技人才,还要引进"三农"人才。以前我们讲引进"三资企业",现在要引进"三资(知)人才",就是有资金、有资源、有知识。首先有资金,如果这个人是带着钱来的,开办高科技的企业、文化企业等,村里的面貌就发生改变,实力就增强了。如果没有资金,有资源也可以,一个人来了,会带动其他人跟着来。没有资金,没有资源,有知识也很好,会潜移默化地给村子带来根本性的变化。

宁海县的下畈村中原来有一个破旧的空置房子,现在住的是北京来的一对导演夫妇,前几年刚刚退休,经住在隔壁村另一位北京来的导演介绍,这位导演带着夫人来到这个村里,现在长期住在这里。在他们家旁边也空置多年的房子里,他开了一个像文化馆之类的场馆,既展览他的书画作品,也在这里教村里的小孩子画画、写字。村干部动不动就来跟这位导演聊天,聊这个村怎么发展,路该怎么修,景该怎么建,怎么才能把村庄建设得更精致、更漂亮。村干部很受启发。这样的人才打着灯笼都难找。

8.想法与办法的关系。我们有句话,叫作"没有做不到,只有想不到",不一定用到所有的地方都准确,却有它的道理。但是光有想法,没有行动,仍旧会一事无成。要有"抓铁有痕、踏石留印"的精神,一茬接着一茬干,久久为功。

农村这几十年的发展真可谓万马奔腾、大浪淘沙。有的村勇立潮头、踏浪前行,一直走在前列;有的村则因为各种原因退步了、落后了,慢慢地销声匿迹;而这其中又有些村不甘落后、奋起直追,实现了凤凰涅槃;还有更多的村乘势而上、后来居上,展现出可喜的新面貌。在"全面推进乡村振兴"的进程中,要系统地梳理总结、宣传弘扬先进的经验、成功的做法,推动农村发展不断迈上新台阶、更上一层楼,实现全面振兴。

结尾:谈四个"心"

调研中与乡村干部座谈交流的时候,笔者常常与他们推心置腹、谈心交心。讲得最多的,是四个"心":守初心、有信心、下决心、定恒心。

第一,守初心。习近平总书记说:"为中国人民谋幸福,为中华民族谋复兴,是中国共产党人的初心和使命,是激励一代代中国共产党人前赴后继、英勇奋斗的根本动力。"只有不忘初心,才能不迷方向、不失勇气、不丢本色、不负人民。50个村跑下来,可以负责任地说,没有一个村书记上任的时候,是不想把村子搞好的。这就是初心。

举一个最典型的例子。杨海定,奉化区青云村原书记。青云村是一个古村,也是一个大村,当年也跟滕头村一样是"十面红旗村",但是后来退步了,村里成了一副烂摊子。2010年,杨海定听从组织召唤,毅然放弃自己近百万的年收入和优越的生活条件,义无反顾回村任职,接过这个"烫手山芋"。他当时说过一句响当当的话,"这书记要么不当,当就要当好,为村庄办实事,为村民谋幸福"。这就是初心,一个共产党员、一个村书记的初心。在担任村书记的8年时间里,杨海定全身心扑在村里的工作上,"一心为民、一心为公",带领班子成员和村民群众,打通断头路、修葺老住宅、处理村民的大事小事等,哪怕身患重病也一刻不停歇,使一个落后的村庄完全变样。他虽然去世了,但留下了襟怀坦荡、一心为民的情怀和品格高洁、一心为公的精神。奉化区委授予杨海定"优秀共产党员"的荣誉称号。青云村在改建村中心小公园的时候,专门把公园命名为"海定公园",以纪念杨书记为村庄发展所做的贡献,也使这种为民拼搏、不懈奋斗的精神得以传承。

第二,有信心。21世纪初,我国GDP还排在全世界第七位,后来基本上一年一跃,到2010年超过日本到第二位,这个是非常不容易的。展望未来,我们真的要充满信心。

笔者曾去参观过一些发达国家的乡村,当时就有一个想法:为什么中国不能有这样的村呢?虽然论平均还有差距,因为中国是个人口大国,不可能一下子全都达到这个水平,但是每个地方能不能有一两个村达到世界顶级水平呢?在跟一些村干部座谈时,笔者曾提议:不要光盯住县里第一,也不要盯住宁波第一,甚至不要盯住浙江第一,而是去盯住世界第一。于是提出一个观点:"瞄准世界顶级村庄,做中国一流村庄。"搞出自己的发展模式、自己的样式、自己的品牌来,引领潮流、引领未来。应该说现在已经到时候了,特别是十九届五中全会提出新的发展目标,要开启新征程的时候,一定要有这么一两个能够成为世界顶尖的、领先的村庄。

有人问,瞄准世界顶级村庄、做中国一流村庄的标准是什么?什么样才算是做到了?笔者认为,就是4个词,或者叫两句话,"整洁、有序、优美、典雅"。这4个词是并列关系,更是一个递进关系,由外而内、从物质到精神,越到后面越难,也越有成就。首先是"整洁",做不到这一点,其他一切都无从谈起。然后是"有序",既要外在的有序,强调村庄的规划、建设、管理、运作等;又要内在的有序,即文明、和谐、团结、友爱。再是"优美",村庄上档次、有水平,建筑精美、山水静美、花卉艳美。最后是"典雅",村庄散发着让人愉悦、使人流连的美感;村民焕发着朝气蓬勃、和蔼可亲的面貌。

第三,下决心。世上无难事,只要肯登攀。从调研情况看,现在农村工作千头万绪、繁难复杂,真的不好做,没有一定的决心和毅力,是做不好的。

象山县的墩岙村早些年破旧落后,2012年,新领导班子上任后抓住新农村建设的有利时机,争取了环境整治提升村和小康示范村"双创建"的项目,在上级部门的大力支持下,先后投入1000余万元,完成了村庄梳理式改造、南湖水库整治、围湖休闲公园建设、生态河道治理、文化广场改建、环村路接线、文化礼堂建设、登山步道修缮等70余个项目。当时为了解决小工不够的问题,在党组织"奋战90天,建设美丽墩岙"的号召下,墩岙村全村老少齐上阵,连在外工作的小工也纷纷回村帮忙,大家一鼓作气,在很短的时间内完成了"双创建"的任务。现在他们又有计划、分步骤地搞民宿,发展文旅产业,也已经做得很好了。

在这些年新农村建设中,一大批村在上级部门和政策的支持推动下发展起来,实现了美丽的"蝶变"。但如果就此原地踏步,不再有新的增长点,变"输血"为"造血",形成自己的发展功能,还在那里"等、靠、要",那么很快,这个村就会沉沦下去,被别村赶超。而像墩岙村这样,很快找到新的增长点,不断地发力,就会有新的、更大的变化。

第四,定恒心。咬定青山不放松,久久为功定恒心。滕头村原来的口号叫"一犁耕到头",现在加一句,叫"一犁耕到头,创新永不休",就是要不断保持这么一股子拼劲、闯劲、韧劲。习近平总书记在人民大会堂给时任村书记傅企平颁发"优秀党务工作者"证书时,嘱咐滕头村:"常青树不容易,一定要继续走在前列。"这是对先进村、典型村的谆谆教导和极大鼓励。

毛主席说过一句话:"农村是一个广阔的天地,在那里是可以大有作为的。"怎么作为？作为什么？习近平总书记也有一句话："让农业成为有奔头的产业,让农民成为有吸引力的职业,让农村成为安居乐业的美丽家园。"这就是方向,就是目标。

农为邦本,本固邦宁。民族要复兴,乡村必振兴。按照中央的重大战略部署,各级各部门共同努力,充分调动起广大农民群众和社会各界的积极性、主动性和创造性,一定能够完成全面推进乡村振兴的伟大任务,全面建成农业高质高效、乡村宜居宜业、农民富裕富足的社会主义新农村。

（根据调研报告和讲课稿整理,有删节）

2020年12月

001

海曙区深溪村
百叠青峦映深溪　山水古道传佳音

　　深溪村位于海曙区集士港镇西北面,三面环山,一条清澈的山溪穿村而过,缓缓不断,故此得名。村庄依山傍水,民居皆沿溪而筑,鳞次栉比,延绵数里,空气清新,环境优美,是一个藏在深山人未识的美丽小山村。全村区域面积5平方公里,有耕地1451亩、山林5542亩,有农户646户、人口1467人,有党员69名。近年来,随着乡村振兴战略的深入实施,深溪村在上级的重视关心下,积极发挥生态优势,把乡村旅游作为推动转型发展的重要抓手,通过挖掘人文底蕴、建设精品步道等,着力打造宁波市郊休闲旅游基地和美丽乡村建设示范点,取得了明显的成效,获评浙江省卫生村、浙江省3A级旅游村庄、浙江省优秀文化地标、宁波市文明村等。

　　深溪村虽然历史悠久,环境优美,但过去由于地处山坳,交通不便,信息不畅,人口又老龄化严重,村庄发展较为滞后。直到改革开放后才发生了巨大的变化,昔日拥挤低矮、破烂昏暗的住房,变成了一排排整齐明亮的新楼房。特别是近年来,随着新农村建设的深入推进,深溪村努力打造美丽乡村,改造完成了村溪坑、环村道路、登山步道等基础设施建设,以及房屋立面改

造、美丽庭院建设、沿路节点打造、3A级公厕建造、停车场建设和弱电线下埋等工程,村庄的环境面貌再上一个新台阶。

深溪村的发展离不开村党组织的坚强领导和全体村民的共同努力。村党总支坚持以人为本,立志为百姓打造心中共同的家,一个有美景、有活力、有温度的家,从积蓄"内力",借助"外力"和发挥"众力"入手,不断增强党组织的凝聚力和战斗力,也使党组织更有亲和力。对不同年龄段和不同职业的党员,他们采取线上线下结合、集中分散错开的方式组织学习,并组织党员"走出去",到先进村学习参观,接受新鲜知识,借鉴成功经验;请联村干部牵线,采取"引进来"的办法,引入专家团队,成立村庄的顾问团,为深溪村量身定制村庄振兴方案。发挥群众的力量,以村民为主体,搭建灵活多样的参与平台,如"村民说事室""村民说事微信群""书记一点通"等,不断增强村民的参与意识、民主意识和主人翁意识,让他们可以顺畅地提出问题,一起帮助解决问题,并享受到解决问题的快乐,使他们真正成为村庄发展的参与者与受益人,实现了自我教育和自我管理,形成了乡村治理的强大动力。

深溪村距离镇区较远,文化设施相对缺乏,文化活动比较单调,建造一座村文化礼堂,一直是村干部的心愿,也是村民们的期盼。早几年的党员和村民代表会议中,文化礼堂建设就成了一个重要的议题,从位置的选择、资金的筹措到功能的设置、内容的展示,村里广泛听取了党员和村民的意见,让大家为这个共同的家出谋划策。2015年9月,文化礼堂终于动工了,村干部、村民一条心,明确分工和职责,筹集建设资金的、收集展陈内容的、监督工程质量的,大家都发挥自己的特长,为文化礼堂建设尽一分力。在各方的共同努力下,2016年10月,总投资500万元,占地7.5亩,建筑面积1622平方米的村文化礼堂成功落成。文化礼堂由文化礼堂主楼、健身广场、

休闲文化广场三部分组成。主楼设置了大礼堂、深溪讲堂、深溪书屋、妇女之家、"春泥"计划活动室、村情村史陈列室、家和万事兴主题角等七项内容。重点突出"家"的理念,注重实用性和特色性,让更多的"家人"回归到这个"家"里来。专门设置了"家和万事兴"主题角,用五条彩线串起66张笑脸照片墙,寓意用五线谱奏响深溪人和谐、和美的新乐章。建立了一支20人组成的文化礼堂志愿服务队,协助开展文化礼堂的各项活动,现在每年举办的活动达20多场次,使村民在广泛参与中认同了这个共同的家。

深溪村有一个公益妈妈志愿团,创立于2009年,现有成员80名。按照志愿者所在自然村分为5个公益妈妈志愿组,经常开展环境整治、敬老助老、扶贫帮困、文明创建、文艺演出、矛盾调解等活动,将公益活动开展得有声有色。目前妈妈团的"业务"已从最初的基本服务项目,拓展到文化礼堂义务讲解员、溪坑治理宣传员、绿色古道守护员等多项村务管理项目。妈妈团一直在总结中提升自我服务管理水平,在村庄建设中发光发热,团队根据每个人的特长来分配志愿服务内容,很多时候,志愿者也会根据自身的条件,积极主动来报名合适的岗位,让妇女们自由表现,及时发挥她们的特长,给每个人展示才能的平台,不但整体效果好,公益妈妈们也充满自豪感,心情更加舒畅。

走到深溪村民居的尽头,沿山溪继续上行,就是延绵不绝的山林,其间是那条林幽竹香的龙鸾登山步道,拾级而上,一路溪水潺潺、梯田层层叠叠、古刹钟鼓隐约,实为一处世外桃源。登上步道,就像走入一个天然的绿色氧吧,既可洗涤心肺、强身健体,又可健身休闲,同时这也是一条红色古道、人文古道,更是一条善行步道。2018年,深溪村成立了乡贤理事会,一批热心家乡建设事业的社会贤达相聚一堂,共同打造"诗里画里"的美丽深溪。他们当中有些是深溪村户籍的人,有些是原户籍在深溪村的人,有些是在深溪村的企业家,有些是住在深溪的新深溪人,还有一些是跟深溪村结对、关心深溪村发展、喜爱深溪村的人,他们在资金投入、文化赞助、人脉拓宽等村庄建设的方方面面,给深溪村提供了巨大的帮助。其中,150多位乡贤和爱心人士捐资90多万元修缮的龙鸾登山步道,就是一条凝聚爱心的善行之道。这既根植于浓厚的历史文化底蕴,也得益于新时代、新风尚的引领。在深溪村,顾问团、乡贤智囊团、公益妈妈团多方合力打造"善行文化"品牌,助推村庄发展,造福一方百姓。现在,深溪村已经成立了护道志愿服务队,承担登山步道的维护保洁等工作,用行动让善行文化得到延续。大家在登临龙鸾登山步道时,不但能体会到绿色生态与低碳节能的环保理念,同时也能感悟到深溪村乡贤和善行志愿者们用爱心凝聚的善行文化。

下一步,深溪村将继续盘活村内公共资源,增强村庄活力,丰富村庄产

业,计划把村里的两个老厂房改造成研学基地,开设非物质文化遗产、手工艺等项目,融进文化元素,以健康为理念,将文化、旅游、健康三者结合,在保护好生态景观和传统风俗的同时,发扬光大真、善、美的传统美德,既进一步改善基础设施、建设美丽庭院、打造节点景观、推进垃圾分类,提升村庄整体形象,又继续大力推进自然、健康、和谐的生活方式,让山里的一草一木、一石一水更好地为世人共享。

002

海曙区李家坑村
群山环抱古村落　农居乡游迎客来

李家坑村位于海曙区章水镇,由5个自然村组成,区域面积8.2平方公里,有耕地642亩、山林3700亩,有农户375户、人口775人,有党员38名。近年来,李家坑村各项事业不断推进,村级经济快速发展,短短数年间,就从一个山区后进村变成了先进村,村级集体收入从10万元增加到了近100万元,集体固定资产增加了1000余万元,村民人均年收入从5000多元增加到近2万元,先后获得各项荣誉30多个,其中包括中国传统村落、国家级美丽宜居示范村、中国美丽休闲乡村、中国历史文化名村这4个响当当的国家级金字招牌。

李家坑村地处四明山中心,平均海拔只有500米左右,四周被大山环绕,犹如是一处"深山里的天坑"。相传李家坑先祖自永康游玩至此,见这里山环水绕、景色秀丽,遂迁入定居、垦地开荒、建舍发族,迄今已有400余年的历史。李家坑村是一个典型的山区古村落,村里遍布着一座座明清建筑风格的通转四合院,布局讲究、层次分明;房子是用块石垒成墙基的两层楼,屋与屋之间是高耸的马头墙;台门上镶嵌的砖雕门匾,字迹依然清晰,画龙雕凤呈现在眼前。可见当年村民的聪慧勤奋、丰足安逸。但随着时代的变迁,山区的闭塞,阻碍了村庄的发展,特别是随着大多数年轻人离开村庄下山打工,村子逐渐凋零,发展也大为落后。

李家坑村的发展变化,是在新农村建设的带动下,在乡村旅游的热潮中实现的。2008年就启动了旅游开发,第一个项目是四明山大峡谷(李家坑)漂流,这个被誉为"浙东第一漂"的项目,当年便吸引了众多的游客。随着游客的不断增多,村里逐渐开起了漂流农家饭店、环溪楼农家乐等特色餐馆,村里的芋艿、"吊红"柿子、茶叶、笋干等农特产品,也成为游客的抢手货,村民摆在家门口就被游客买走了。虽然后来因水源地保护,停办了漂流项目,但李家坑村已名声在外,乡村游也成了品牌,发展文旅产业成为村里的题中之意。

"蝶变"发生在2012年,那一年,"美丽乡村·幸福家园"建设项目启动,李家坑村以此为契机,开启了它的改造之旅。村里将新村建设与古村旅游开发统一规划、整村改建,以不改变村居原状为前提,在不影响其结构和安全的同时,尽量做到"以旧修旧、修旧如旧",保持原有古村落民宅的风貌和文物价值。村里请专家进行总体设计,通过土地复耕获得奖励资金,用于整理村容村貌和修复古村,前后共投入资金1800万元,全面实施村内道路、四明廊桥、沿街立面、服务中心、公共厕所、村口景观公园等公共设施建设,使古村面貌焕然一新。在此基础上,通过旅游推介、资金引入、中高端民宿开办,实施乡村民宿等互动体验项目,并完善村内景点及农家乐的旅游导视系统,形成特色旅游的古村休闲区,在游客欣赏自然山水风光的同时,可以住农家屋、学农家活、吃农家菜,在这里真切感受田园风情。李家坑村也被越来越多的人选为乡村游的首选地。

与新村建设同步,李家坑村还进行了环境的整治,电线统一落地,对家禽家畜的圈养也有了严格的规范,村民也更加注重环境保护,一致同意将注重卫生列入村规民约之中,并得到了很好的遵守,村子里的很多暖心细节足见建设者的用心之处,路面铺上鹅卵石,全村俨然成为一座浙东古建筑博物馆,同时显出这座江南古村的精致。现在当你走进李家坑村,不难发现,这里见不到一根电线,全无一些村子"蜘蛛网"盖头的凌乱感。现虽然能听到零星的鸡鸣狗吠,但已看不到鸡鸭鹅狗到处乱跑的景象。村里正在兴建一个高山果蔬农业产业园,投资700万元,先期开发80亩,长远规划1000亩。建成后,精品民宿与古道游、采摘等形成良性互动,李家坑村将更加美丽宜居,饮食将更加环保,活动将更加丰富。

李家坑村风光旖旎、钟灵毓秀,高山巍峨、古树参天、溪水清澈、空气清新。几百年的历史沉淀,耕读善教的历史传承,使村内民风淳朴,村民心情平和,日出而作、日落而息的生活作息,养成了李家坑村民豁达洒脱、积极作为

的生活态度,再加上绿色健康的饮食,造就了这里老人长寿的特征。目前李家坑村常住人口中,三分之一为70岁以上的老人,真可谓长寿村。2015年李家坑村就入选宁波市首批长寿村。近年来,李家坑村积极推进村民的福利建设,村里对村民日常生活的一些费用给予补助,比如医保费、有线电视费、老年津贴以及大学奖励基金等,村民实实在在感受到生活的变化。村里还有一条不成文的规定,子女们必须每月回来陪长辈吃个饭、聊聊天,村里就在老年乐园免费请大家吃饭,子女们和老人都很开心。

李家坑村以做好"党建+"文章为抓手,切实发挥好基层党组织的战斗堡垒作用。围绕"空心村"的现状和各自然村相距较远的实际,制定了点片式发展模式,组建了一支16人的党员志愿服务队,不定时地在各自然点进行巡逻督查、志愿服务,同时开展党员联系村民、"村民说事"等制度,搭建起党员与村民之间的沟通桥梁,让党员的模范作用能够示范引领普通村民共同遵守村规民约,进一步增强党建工作在基层的生机和活力。积极开展

村民素质提升工程,传承好李家坑村的耕读文化和慈孝文化,近年来,先后开展了"好媳妇好儿子""优秀村民代表""优秀党员代表""最洁美户"等评选活动,弘扬社会正能量,营造和谐幸福的氛围。利用好说事亭等"村民说事"机制,加大联系群众的力度,倾听民声、关注民生,着力解决群众关心的热点、难点问题,共建共享,增进村民的福祉。

如今的李家坑村,天空蓝得清澈透亮,溪水淌得欢快流畅,在群山环抱、茂林翠竹的映衬下,愈发显得古朴典雅、清新秀丽。从养在深山人不知到如今成为乡村游的精品样板,李家坑村在变与不变中找到了平衡点,在"变"中创新与发展,在"不变"中坚守传承与使命。未来李家坑村将进一步拓宽发展思路,统筹与整合历史、文化、农业、生态、村落等各种资源,以发展特色民宿、开发古村旅游、推进养老产业为重点项目进行精品包装,扩大宣传影响范围,打造美丽宜居养生福地、综合休闲度假体验区,使之成为绿色生态休闲旅游的领航者和排头兵。

003

海曙区沙港村
名人故里著新篇　千年古村呈新貌

沙港村位于海曙区洞桥镇,是浙东名人全祖望的故乡,区域面积1.9平方公里,有耕地1236亩,有农户692户、户籍人口1690人、外来人口近4000人,有党员99名。近年来,沙港村实施"党建+新村+农业+文化+治理+人才"战略,扎实推进新农村建设,村里各项事业蓬勃发展,获评浙江省农房改造示范村、浙江省示范文化新地标、浙江省示范村级便民服务中心、浙江省美丽乡村特色精品村、宁波市全面小康建设示范村、宁波市文化特色村、宁波市农村社区建设示范村、宁波市生态村、宁波市历史文化特色村等。

沙港村紧贴镇核心区域,地理位置优越、文化底蕴深厚。可就在十几年前,村庄依着水路自然而成,房屋布局杂乱,道路狭窄拥挤,村民的房子大多是二十世纪七八十年代建造的,有的更是新中国成立前的,房龄老、房屋结构差、破败情况日趋严重,是个有名的贫困村。2008年,新一届村领导班子面对经济薄弱、环境不好的状况,深入分析后认为,只有新村建设才能改变沙港村的面貌,于是大胆决定走"旧村改造、新村建设"的求变之路。他们

克服土地利用率低、拆迁难度大等困难，以"全拆全建、原拆原建"的形式，共分五期实施新村建设，其中一至四期约18万平方米新房已建成并完成安置，第五期项目也已开工，建成后全村都能住上新房。在新村建设中，村里充分结合本村实际，并在积极问政于民的基础上，制定并落实切实可行的新村建设总体规划，尤其是在新村建设推进过程中，做到五期项目无缝对接，在前一期工程即将完成的同时，后期规划立即跟进，确保项目整体进度。

沙港新村以小高层和高层住宅为主，房屋结构和建设标准不断向城区商品房靠拢，环境档次和整体配套设施也在建设过程中同步提升。其中，从第三期项目起，增设地下停车库，同时小区绿化率超过30%，休闲步道和健身器材一应俱全。在住宅旁的河沿岸还布局了30米宽的绿化带，形成亭台小品和缤纷花木交错的河滨公园，让村民休闲有了更好的去处。

村里立足土地资源,走以地生财的路子,充分利用城乡建设用地增减挂钩政策,结合村庄治理提升、农用地整理,腾出建设用地空间,最大程度拓展集体资源运作空间。对村里现有出租房进行改造提升,优化资源的配置,充分发挥资源的最大效益。仅两侧店面房改造一项,就为村集体经济收入增加超过50万元。同时引进总投资1.2亿元、建筑面积1.8万平方米的邻里中心项目,作为集商业、文化、体育、教育等一体的居住区,极大地提升了村民的居住品质。

现如今再看沙港村,一排排布局合理、外观统一的楼房拔地而起,四周是成熟齐全的社区化商业业态,让楼里的居民一下楼就能满足各种日常生活需求,实现居住、商业一体化目标。宽阔而整齐的道路连接起镇区和周边各村,治水后清澈的南塘河穿村而过,沿河两岸绿意盎然,并逐渐延伸到新村楼下。新村建设在改善群众生活条件的同时,也从整体上改变了沙港村的村容村貌,更是增加了村民财产性收入和扩大了村集体经济规模。2020

年,村集体收入达到589万元,村民人均收入翻了一番。就在这祖祖辈辈生活着的同一片土地上,他们用了十多年时间,让一切都焕然一新。

在大力推进新村建设的同时,沙港村注重各项民生工程的实施,以助力新村建设的顺利进行,同时做到了精准化补短板,从细节处解决百姓切实需求。新建1000多平方米的服务大厅,内设有图书室、阅览室、棋牌室、影视厅等。居家养老中心设施完备、功能齐全、服务到位。村主干道路灯安装率达到100%,使村民夜间外出更方便与安全。制定了卫生管理实施办法,设立了专职的卫生保洁员。在村庄的各个角落种上各种花草树木,并安排固定的人员定期进行维护。为有效提高群众对生活垃圾分类的参与率,组成了20多人的队伍对全村房前屋后、水沟、路边常年积压的垃圾和白色污染进行大整治。

为了充分发挥党员的先锋模范作用,沙港村提出了"党建在一线"的工作方法。组成"党员+村民代表+热心群众+乡贤"的工作小组,创新"党员联户+舆论引导+典型带动+重点工作"的工作方式。工作小组自主谋划,灵活行动,达成目标。所有党员均明确所联住户,通过定期走访交流,了解民情,增进感情。

在沙港村,"全祖望"早已成为最响亮的一张名片,也让越来越多的人认识和了解了这个南塘河畔的美丽新农村。全祖望是我国历史上著名的史学家、文学家、思想家,也是中国学术史上唯一一位以乡邦文献领域的研究成就跻身史学大家之列的学者,一生著述30余种、400余卷,享有"班马(班固和司马迁)之后第一人"的美誉。沙港村在大刀阔斧进行新村建设的同时,将风格与全祖望故居相近的老房子保留下来,迁至故居边上,使全祖望故居与全祖望纪念馆和村情村史陈列馆共同形成一个特有的凝固记忆,更成为村里文脉的留存,既给村民一个心灵栖息之所,又为全姓家族提供了一条寻根访祖的途径。通过举办全祖望文化节、全祖望传统文化微论坛、"醉在乡音"戏曲展演、非物质文化遗产文化展示等一系列庆典和展演活动,提高了沙港村和全祖望的知名度,越来越多社会目光的聚焦也让全姓村民超过80%的村庄深深引以为豪。

乡贤文化具有中国优秀传统文化的特征。沙港村有着深厚的乡贤文化底蕴。以全祖望为主要代表的乡贤文化,已经被深深地烙在了文化建设的基因当中。2013年,村里投入300多万元,对全祖望故居及纪念堂、村史村情陈列室进行了修缮和扩建,对富有特色的连片古建筑,采取异地迁建或原地修缮措施进行保护,乡贤文化日见荣耀。现在,乡贤文化在沙港村已经深入人心,特别是一些新乡贤纷纷造福乡里,成为沙港村发展的助推器。乡贤们身体力行地帮助村子发展,遇到一些重大事情时,也发挥了重要作用。在村子建设发展过程中,一些村民面临拆迁征地等问题时会想不通,村里德高望重的人就去做这些村民的工作,最后问题都顺利解决了。邻里之间发生矛盾了,通过乡贤调解也会立即和解。为了村子的发展,大家劲往一处使,村子的精神面貌和经济发展蒸蒸日上。

下一步,沙港村将继续在实现经济发展的同时,重视乡土文化的保护和开发,以"农村基础设施建设深入推进、农村人居环境明显改善、美丽宜居乡村建设加快实施"为奋进目标,加快完成旧村改造和新村建设,并配套建设文化公园二期,设立集使用与休闲于一体的浣纱坊,打造有美丽景观、有文化底蕴、有文明乡风的社会主义新农村。

004

江北区毛岙村
离尘不离城　景美人和谐

毛岙村位于江北区慈城镇的最北边,三面环山,一面朝南,与外界相通。区域面积 2.1 平方公里,有耕地 387 亩、山林 3458 亩,有农户 162 户、人口 396 人,有党员 28 名。作为集生态养生、休闲度假于一体的美丽乡村,这里不仅空气清新、生态优美、鸟语花香,而且精巧别致、整洁有序、人文和谐,已成为"明星村",获评国家首批绿色村庄、浙江省最佳自然生态村、浙江省卫生村、宁波市最洁美村庄等。

别看毛岙村如今环境优美、村民富足、游客如织、声名远扬,可 10 多年前的毛岙村却因地处偏僻、交通闭塞、产业单一,发展缓慢,是鲜有人问津的穷乡僻壤。村民长年靠山吃山,以砍伐树木供应慈城居民和出售竹笋等为生。稍微年轻一点的,早早就出去打工了,剩下的留守村民不到百人,毛岙村渐渐成了典型的"空壳村",村民至今还记得,"原来我们毛岙村山沟里头,年轻人娶个老婆都难哩!"

"要想富,先修路"。21 世纪初,新一届村领导班子着力谋划村庄发展,积极争取上级资金,并发动干部群众集资,对 3.5 公里长的进村公路进行拓宽、硬化、亮化。2014年,一条通往慈城的标准化公路顺利贯通。道路畅通了,出行方便了,毛岙村的发展也就有了良好的基础。紧接着,他们抓住毛岙村距离宁波中心城区只有半个小时的车程、"离尘不离城"的特点,借助"依山傍水倚古城"的优势,看准了发展都市休闲旅游的机遇,大力发展乡村休闲旅游产业。村里多方筹集项目资金,共投入了2000万元进行新农村改造,提升村庄的整治力度,先后建成生态公园一期、二期,还建了环村登山步道、环湖自行车道等,对村舍外墙面进行了特色竹泥彩绘,使这个昔日的贫困村逐渐露出新颜,村庄面貌日新月异。如今,位于村口的生态公园内,人造瀑布、小憩长廊、溪边观亭和茶屋等场所应有尽有。二期公园建成后,还搭起了小木屋、供小孩子游玩的公共空间,增加了书吧、茶吧等休闲场所。同时,一个集村民服务、游客接待、乡村商创的多功能综合性游客管理服务中心已经建成,目前已经有9家文旅企业落户。旁边的乡愁记忆博物馆、农副产品超市、临湖咖啡吧等即将开业,人们坐在二楼的平台,在品味咖啡的

同时，可以欣赏秀美的山村美景、呼吸甜美的清新空气，毛呑村的美丽风景已"蝶变"为美丽经济。

这场"蝶变"是从打造生态特色村、大力发展特色产业开始的。这是一个"空气可以论斤卖"的小山村，而空气好的一大秘诀，就是村里种植的红豆杉，别看红豆杉长得很慢，但它能净化空气，还具有可观的经济价值。现如今毛呑村不仅路两旁种着大大小小、高高低低、稀稀密密的红豆杉，村里还建起了面积达500亩的省级红豆杉基地，因此毛呑村还被不少人称为"红豆谷"。在村里的带动下，村民们也纷纷种起了红豆杉，大家不仅在村道旁种红豆杉，在自家庭院篱笆墙内也会种上一两株。除了种红豆杉外，村民还养起了娃娃鱼，引入了橘子、杨梅等适合本村发展的水果，快速走上了致富路。秀丽优美的自然环境，渐成气候的农家乐，生机盎然的水果采摘，使得毛呑村打响了生态村的名号。虽然村里没有开设一家工厂，但全村人均纯年收入达到39635元，村集体可支配收入达100多万元。日出而作、日落而息，勤劳和善良已经深深地印

刻在每个人的骨子里。在村子周围,延绵不绝、一眼望不到尽头的茶园、果园,是毛岙人辛勤耕耘的成果。毛岙村已经成为一个和谐自然、优美舒适的"世外桃源"。

好生态也给村民带来好生活。村民开出了村里的首家民宿"茶语山庄",成为毛岙村民宿经济的尝鲜者,该民宿利用山上砍来的毛竹搭起棚子,一个个石墩成为天然板凳。村民精心打造经营的这家民宿,还曾入选"中国乡村旅游模范户"。毛岙村加大对接优质民宿资源的力度,吸引知名民宿企业前来投资,为村里引进社会资本,带动全村民宿提升品质,村里已引进了两家投资上千万元的高端精品民宿,不仅能给村民创造更多的就业机会,还能进一步推动农旅结合发展,提升乡村的生活品质。为了能让游客留下来,村里"勿舍"民宿定位为开放式的乡村书吧民宿,游客来可以看书,以后还能在大树下看看老电影,找回曾经的记忆。目前村民自家经营的民宿已经有4家,还建起11家农家乐。节假日农家乐和民宿往往爆满,农副产品完全不用担心销售,村民自家的土鸡蛋、后山上种的橘子和杨梅等都成了游客的抢手货。如今,村民们住在天然氧吧、喝着甘甜的清泉水、吃着绿色蔬菜,就在自己家里上班,原本贫困落后的毛岙村已成为江北慈城的一张金名片。

早在10多年前,毛岙村就规划了一幅乡村发展的路线图,几年前更是邀请专业机构编制完成村庄至2035年的发展规划,将村子打造成民宿艺术村、生态旅游村。围绕着"生态毛岙"的建设目标,污水管网建设、畜禽整治、野山坟整治等农村工作中颇为棘手的问题都得以顺利解决。在毛岙村批地建房有个不成文的规定,房子必须依山而建,不能造在村子中间的平地上,因为村子本身平地资源就少,这些平地应该被用来更好地开发利用。而就在村中心宝贵的平地上,一个颇具规模的党建文化广场已经建成,成为村里开展文化活动、展示非物质文化遗产项目、村民和游客休闲的热闹场所。

毛岙村的文化礼堂始建于 2014 年，现在又进行了全面的改建和提升，功能更加齐全、设施更加完善，成了村民和各种文艺团队开展活动、展示成果的好地方。旁边的毛岙村慈孝食堂由原村委会改建而成，占地面积约 270 平方米，不仅为村内 60 岁以上的老年人提供优惠可口的饭菜，也为游客提供舒适方便的用餐，可谓一举两得。村里还整合各类资源，设立了"毛岙村慈孝信用社"，其中设有参加公益活动、获评慈孝家庭、做好垃圾分类、建设美丽庭院等共四大类 19 个具体项目，每一户家庭都可以通过做有德之事，获慈孝积分，并获得相应的奖励，让有德者有所得。

如今的毛岙村已成为以"和谐自然"为特色、让乡愁有乡村味道的美丽乡村。他们坚持"新农村建设成果一定要让大家共享、让城里人体验"的理念，对未来的发展，村里将按专业机构为小村量身定制生态旅游开发规划、村庄建设规划、乡村生态景观规划，以生态立村，一步步将"美丽"付诸行动，真正使毛岙村成为一个都市背包客心中"离尘不离城"的世外桃源，一方让大家放松心情、休闲度假的美丽净土。

005

江北区南联村
隐居云湖山水间　风景如画新家园

南联村位于江北区慈城镇西北部,区域面积2.9平方公里,有耕地129亩、山地2507亩,有村民257户、633人,有党员40名。该村背靠连绵不断的青山,面朝碧波荡漾的英雄水库,自然风光旖旎,环境清幽典雅,更难得的是村民还都保留着传统的生活方式,使这个小山村别具风情。乘着新农村建设的东风,南联村焕发了新春,在美丽家园建设中取得了喜人的成绩,获评浙江省美丽乡村特色精品村、浙江省卫生村、宁波市生态村、宁波市卫生村、宁波市森林村、宁波市全面小康示范村、宁波市最洁美村庄等。

南联村是当年因建造英雄水库,一部分人迁移到此地,与当地原有的村子合并而成。由于地处山坳、交通闭塞等原因,一直发展不快,10年前,新一届村领导班子从改善村居环境、改变村子形象入手,展现村庄的新面貌。在上级的大力支持下,村里每年都开展1—2个建设项目。2010年起,投入100多万元,对村口、水库边进行改造,并安装了路灯。2013年,贷款240万元进行污水处理改造。2014年,又投入240万元,建了村里的公园、篮球场等,实施了环湖长廊景观绿化、饮水及室外给水改造、饮用水深井取水、游步道建设、石桥头山塘整治等一批新农村建设项目、民生实事工程。2015年以来,全村按照"四无一机制"的标准开展环境卫生集中整治,彻底整改环境卫生死角、推进绿化工程、全面覆盖美丽家园,进一步改善了村民生活条件,提升了村容村貌。

南联村历来是江北区杨梅的主产地,村里还保留有上百年的老杨梅树,每到采摘季,游客和采摘客一波一波地到来,车子堵满了各条道路,这个隐秘的小山村一下子火爆起来。但仅靠杨梅、竹笋等土特产,村民收入不高,而且游客来了,除了采摘,还要提供玩的地方,还得让他们住下来。从2018年起,村里又实施了两期新农村品质提升项目,第一期投资1500万元,打造村庄入口区块、观景湖心亭区块和环村节点景观,改造环村沿线交通体系、旅游配套设施、便民设施和部分庭院,进一步美化提升村庄的环境,完善基础配套设施。并将青山与村落文化融合、美丽资本与社会资本嫁接,引进高端民宿品牌,改造老宅子使其焕发生机,吸引了更多的游客前来。还成功举办了"杨梅红满天、醉是江北甜"活动,更让这个名不见经传的小山村迎来了乡村游的春天。二期项目又投入1400万元,实施路面白改黑、墙体立

面改造、各类电线梳理、简易房改造等。并开展土地确权工作,通过集体土地的流转,收回那些原本已废弃的老房子,再引入社会资本进行盘活。还邀请了宁波大学专家团队,为村子未来的发展做详细的规划,因地制宜建设竹林休闲书屋、茶室、单车驿站等。完成了畜禽整治和污水管网建设,村里存在多年的臭水沟消失得无影无踪。眼下自行车绿道已经建好,民宿也已开业,游客将会越来越多。很多在外打工的年轻人也回来了,村里鼓励村民加入旅游服务培训、农家乐经营、土特产销售等,带动更多的村民"回流"。

南联村的发展离不开党建的龙头作用,通过"红色党旗"引领,唤起"绿色发展"新机,真正把"绿水青山"转化成"金山银山"。村里以做深做实环云湖党建联合体为契机,重点梳理和提升整体党建氛围营造,以南联村历史、文化以及村庄面貌变迁为主线,建设党建广场,展现党的工作成效,凝聚激励人心。党建广场具体按照"百年风雨""我的家园""美好生活""共建共富"4个篇章,展现南联村的红色故事、历史遗迹、村庄环境面貌变化、产

业经济发展、环云湖党建联合体等特色工作。同时丰富村庄内部红色元素，挖掘整理金沙岙战斗、长溪岭战斗及其他生动的红色故事等，绘制成墙绘展示。并结合清洁家园、美丽庭院、乡村振兴等工作，推进党员户亮身份、晒成绩，发挥党员的示范带动作用。村干部围绕"民生小事"认真开展"走亲连心""村民说事"等活动，挨家挨户征求民意、听取意见，一些村民群众关心关注的建房、养老、交通、环境卫生等问题得到有效解决。

　　南联村是一个"活的村子",村民保留着的传统生活方式,使这个小山村别具原汁原味的乡土风情。村里注重乡风文明建设,重点推进村民道德素质提升、村庄环境优化,积极开展庭院整治,通过"以奖代补"的形式,引导村民做好房前屋后保洁,解决乱堆放问题,同时积极打造"一院一品",推进垃圾分类试点,围绕"进村 — 隐居 — 出村",设计一条精品游览路线。大力倡导移风易俗,加大坟墓整治力度,对村庄内部及绿道周边的坟墓全部实施迁移,进一步优化南联村居住和投资的环境。开办南联村乡村美丽女子学院,围绕农家乐开展"美丽厨娘"培训,围绕旅游发展组建义务解说队,促进乡风和谐。推进小微权力运行,规范完善乡村工匠、护林、保洁等队伍的管理。村里重新修订村规民约,提炼南联村规民约"十个好",每个党员、群众代表联系若干村民,引导村民垃圾不落地、邻里讲和谐、庭院讲整洁、出行讲秩序。充分发挥文化礼堂在传承优秀文化、弘扬文明新风、丰富群众文化方面的重要作用,组织文化队伍广泛参与,提升乡风文明程度。广泛开展了"最美南联人"的评选,编写南联村民在慈孝文化、环境整治、垃圾分类、邻里和善等方面的典型事例,挖掘南联老故事。

　　"绿水青山就是金山银山"。在这个原先较为闭塞的小山村,"两山"理论得到了很好的实践和印证。南联村优质的山水资源和浓郁的乡土风情,被多个高端精品民宿项目"相中",在大力发展文旅项目,特别是"隐居"这种好项目的带动下,对村子提高知名度、发展农家乐、销售农特产品产生了积极的作用。每月8日是村里的党员会议,也是村民说事议事的好时机,村子怎么发展、农户怎么参与,都是大家热议的话题。眼下,又有几家农户主动提出申报农家乐项目,打算把自家房子升级改造,开办成农家乐和民宿。村里还在上级有关部门的大力支持下,推介农旅项目、宣传村庄形象、促销农特产品、发布精品游览线路等,吸引了大量游客进入村庄,带动了当地村民自家产的笋干、茶叶、杨梅、蜜橘等农特产品的销售,不仅为村庄带来了人气和财气,还带来了"和气",村里村外充满了和谐的气氛。

如今的小山村,迎来了全新的发展机遇。绿树掩映的民居、清波荡漾在水面,百年古道曲径通幽。村里水质甘甜的古井,至今滋润着全村老少,与村里的老巷、老房、老院,共同散发出古朴纯正的乡村气息,吸引着人们流连往返,成为人们赏心悦目、健身休闲的绝好去处。优质的生态资源,全面激活了"美丽经济",南联村悄悄站在了乡村振兴的最前沿。

006

江北区鞍山村
水韵乡村美如画　农旅融合奔小康

鞍山村位于宁波江北区洪塘街道,是洪塘街道唯一的规划保留村,也是江北区重点建设的美丽乡村之一。村庄北依马鞍山,南傍慈江水,东接灵山头,西接慈城古县城,青山绿水环抱、秀丽风景环绕,千年古刹保国寺就坐落于该村境内。全村共有15个自然村、区域面积2.2平方公里,有耕地766亩、山林1979亩,有农户491户、人口1208人、外来人口1319人,有党员62名。凭借着得天独厚的地理优势和自然资源,几十年来,鞍山村干部群众勇为人先、苦干实干,一个集旅游休闲、运动养生、民俗体验为一体的美丽乡村呈现在人们眼前,获评全国民主法治示范村、浙江省文明村、浙江省美丽乡村特色精品村、浙江省卫生村、浙江省3A级景区村庄、浙江省民宿集聚村、浙江省农房改造建设示范村、宁波市最洁美村庄等。

鞍山村的发展得益于改革开放的强劲东风,不甘贫穷的鞍山人勤劳耕作,在有限的土地上取得了丰足的收获,过上了温饱的日子。为了进一步提高土地的产出,凭借良好的区位优势,鞍山村在保证粮食种植的同时,开始大面积种植蔬菜供应城市居民,成了宁波市重要的"菜篮子"基地。紧接着,鞍山人又紧紧抓住了城市发展的契机,乘上了美丽乡村建设的快车。2012年,村里响应上级号召,广泛发动群众,开始对村庄环境进行全面整治。从村民住房外立面的升级,到生活污水的科学化处理;从烂泥塘改为湿地公园,到全村道路的硬化亮化,等等。通过改善村庄环境,打造洁美村庄,使村子的面貌焕然一新,吸引了大批游客前来游玩。2013年底,保国寺举行千年大典,活动期间及活动后,不断有游客顺路逛到村里。看到这种情况,村领导班子成员的心思活了起来:村子离城区近,周围又有那么多景点,"为何不把我们的村庄也变成个景区",从而带动村民致富。在上级的大力支持下,村里请了设计师进行村庄整体规划,参照了保国寺的建筑风格,对540处房屋进行了仿古屋顶等改造,马头墙、女儿墙,白墙青瓦,成了鞍山村的新名片。

江北区鞍山村

(照片由洪塘街道提供)

　　随着宁波城市发展北拓,鞍山村离建城区越来越近。在这样的背景下,闹中取静的小山村,加上旁边近两年夏秋季红遍网络的荪湖花海,逐渐成为宁波市民休闲的"后花园"。村庄梳妆打扮一新后,吸引的不仅是游客和周边居民,还有在外打工的村民,有的人开始回村开小店,有的人开始开办农家乐和民宿。最为典型的是由老宅子改造而成的民宿——"老樟树",开业后一炮走红,带动了一大批村民尝到了民宿经济的甜头。目前全村已有农家乐15家、民宿10家、客房近百间,300余名村民实现就地就业。

　　但鞍山人并没有满足于此,他们开始利用民宿作为载体和平台,延伸民宿产业链,挖掘农副产品内涵,打造成农创产品,让更多人知晓并喜欢鞍山的农特产品。同时,村里结合本地实际,着手发展亲子、养老结合的旅游休闲产业,把酿酒坊、农耕文化园等串联成一条鞍山独有的动态旅游线路,真正做好留客文章,做成一个有亲子特色、有农作体验、大家都喜欢的旅游目的地、民宿集聚村。引进实施的手作文化聚落以及跨村建设的六一儿童亲子小镇已经初具规模,主创手作文化聚落的文化公司还将依托保国寺古建筑资源,在村里建设建筑博物馆,举办大学生搭建节,打造国际古建筑游学目的地,让美丽乡村的"盆景"变成"风景"。在鞍山村,不但能吃到地道的宁波土菜,还能看到传说中康王逃难的留车桥,更能体验这里的传统农耕文化,看看采藕、踩踩水车、参加采摘活动,体验不一般的乡村生活,成为城里人难得的身心享受。这里的民宿作为村民主要的经营致富项目,除了利用周边优渥的人文、生态环境外,就是抓住了农耕文化、优秀传统文化产生的独特魅力,在同类竞争中脱颖而出。"美丽经济"成为村庄发展的新引擎,美丽成果市场化成效显著,鞍山村走出了一条都市近郊农村发展的新路子。

村庄环境有了巨大的变化,村民生活也有了日新月异的改变,而鞍山村对文化的追求,也没有停下脚步。鞍山村历史悠久,有很多的传说和民间故事,这既是老祖宗生活的美好点滴,也是历史传承和文化底蕴。挖掘上千年的历史沿革和故事,不仅可以增强村民的自豪感,而且丰富了本村旅

江北区鞍山村

游资源。在全面治理生态环境的同时,村里并没有把文化建设落下,文化礼堂、文化广场、文化公园先后建成,鞍山人有了享受和参与文化活动的温馨场所。根据不同的传统节日,村里都会组织开展传统文化表演、文化娱乐活动等,村民们往往把舞台围得水泄不通。经常性地举办送戏下乡活动,每次都会加演两天,引得附近村的村民都来观看。独具特色的文化礼堂,每月至少举办两场文化活动,有红色文化的学习、传统文化的展示、法治教育的普及等等,成了村民文明熏陶和文化娱乐的好去处。文化礼堂还承办了2017年度浙江省农村文化礼堂"我们的村晚"分会场的演出。村里艺术团基于

返乡创业青年真实题材创作的《再回鞍山》获得广泛好评。2018年春节前,经过两年的筹备和编写,江北区第一本村志——《鞍山村志》正式出版,这是鞍山人一直期盼的一件大事。《鞍山村志》图文并茂地介绍了鞍山的村史、村情、村政、村貌,还大篇幅地回顾了村庄的文化发展历程,从历史文化到传统故事、从非物质文化到慈孝典范、从民间文化到乡俗习惯,满满地记载了鞍山村连绵不断的乡愁情怀。

经过多年的努力,特色农业、农家乐、茶室、民宿、酒坊、农耕体验馆等业态,组成了鞍山村完整的休闲产业链。来到鞍山村、住在鞍山村,可以感受到保国寺晨钟暮鼓、体验到田园农耕文化、享受到难得的休闲时光。随着生产、生活、生态功能的融合和拓展,"绿水青山"转化为"金山银山"的通道已被打开,村庄经济迎来新的增长点水到渠成。目前,由民宿和文化产业园组成的鞍山手作文化聚落项目已经落成,高端民宿墅家安山社也已开业,融合了创意文化与休闲度假功能,着力打造文化品牌,发挥文化集聚效应。如今的鞍山村,依靠都市休闲观光农业、民宿经济、农家乐产业,走上了可持续发展道路。接下来,鞍山村还将进一步美化村庄的面貌和提升村级景区档次,同时也给村里带来更多的收入和就业岗位,真正把田园变成花园、农村变成景区、农民变成员工,走出一条近郊都市农村农旅融合、以农促旅、以旅强农,大家共奔小康的路子。

007

镇海区十七房村
江南古村呈新韵　甬商之源展新姿

十七房村位于镇海区澥浦镇中南部，由原来的3个村合并而成，区域面积2.7平方公里，有耕地302余亩，有农户1104户、户籍人口2442人、外来人口5400余人，有党员124名。这个拥有江南水乡独特风韵的古村，乘着乡村振兴的东风，走出了一条属于自己的创新发展之路，获评全国文明村、浙江省全面小康建设示范村、浙江省卫生村、浙江省"双强百佳"行政村、浙江省美丽乡村特色精品村等。

十七房村系郑氏一支南迁后的世居之地，传六世之后，分居十七房，后繁衍成族，至今已有800多年的历史。原有建筑面积6万平方米，占地面积达8万平方米，随着岁月的变迁，如今仍有建筑面积4万多平方米，占地面积6万余平方米。现存有恒德房、恒洋房、三房堂房、大祖堂房、后堂楼房等砖木结构的大院10余幢，马头墙、石雕、牌坊等保存完整，为国内现存规模最大且保存完整的明清古建筑群落之一。村落设计成棋盘形，整体建筑以幢为单元连成庭院，既融合了北方合院的大气，又体现了南方楼榭的玲珑，别具特色，蕴涵深厚。据史书记载，十七房有三宝：旗杆最多最高，宁

波都能看得到；马头墙最多，台风吹不倒；三年不下雨，河水不会干涸。更值得一提的是，从这里走出了老凤祥银楼，走出了号称当时最大的民间邮局——全盛邮局，还有英雄墨水的前身——民生墨水厂，以及蝴蝶牌缝纫机等，见证着中国近代宁波帮商业的奇迹。

10多年前，十七房村还是一个典型的"脏乱差"穷村，村级集体经济薄弱，各项公共事业发展落后。2008年，新一届村领导班子确定了"盘活资产、借力园区、发展物业经济"的思路，并与宁波大学建筑设计院合作，制定村庄未来5年的建设规划，预算资金1亿元。这在今天看来都是大胆和超前的。当时村领导班子扛下了所有的质疑和压力，坚持村庄建设是村产业发展的基础的理念，分两头行动，一头负责拆迁工作，一头完善规划书，前后用了两年时间，反复实地勘察，走访企业经营者和老干部，征求村民意见，修改了10余遍，规划方案才最终定稿。

村庄建设的第一步，从整治村内河道和村庄环境卫生开始。由于村子处于河网的下游，河道泥沙容易淤积，河床堆满了垃圾，散发阵阵的臭气，治理难度非常大。村领导班子发扬连续作战的精神，清理掉河底垃圾和淤泥，打通了村内河道，并栽种水生植物，提升河边绿化。仅一年时间，村内河道就完全变了样。在房屋外立面的改造上，村领导班子决定保留原有的古村落元素，风格与明清古建筑群相一致，江南水乡的韵味逐渐体现出来，村庄的模样也逐步像个历史文化名村。在产业发展上，一面加快工业经济发展，一面着力推进农业产业结构调整，并依托郑氏十七房明清古建筑群的文化优势，与开元集团合作，引进民间资金1.5亿元，发展休闲旅游产业，打造十七房·开元度假村。短短的10余年间，将不可能变成了现实，村庄经济总产值增长10倍多，村级可用收入增长近7倍。这个偏安一隅名不见经传的穷村，成为村强民富、村和事兴、欣欣向荣的新农村。

郑氏十七房一期保护工程占地100余亩，尽最大可能地保留了旧时房子的格局和面貌，与老旧房屋相邻的，是村里后建的新村。通过特色节点院落打造、沿线房屋立面提升、架空线落地、景观小品点缀等项目的实施，传统建筑和新式小区实现了完美的结合。以景区为核心，带动了周边草莓基地、蔬菜基地、花卉基地以及家庭农场的发展，十七房村的冻米糖、年糕和米酒等乡土特色产品，更是引起了游客对乡愁的共鸣。

  2018年3月,郑氏十七房二期项目开工,总用地面积近300亩,总投资近2亿元,包括新建十七房·开元酒店二期、游客服务中心和室内青少年农耕文化体验中心,融合了农、旅、文、学四大产业要素,补充现有仿古客房,延伸明清街、创意集市等业态,拓展乡村旅游板块、民俗文化商业街区。随着集文创艺术、休闲农业、亲子娱乐、自然教育等功能的农业田园综合体全新亮相,十七房村在农旅融合、乡村旅游中走出一条突出地方特色、具有江南水乡风韵的新路子。

  近年来,村党组织始终坚持"两手抓、两促进",紧扣党建引领乡村振兴战略,全面推进党建"五+"工程,积极开展"红岗连心、党群联动"活动,通过认领党员"六大员"岗位、推行"一站双岗"模式、组建党员志愿服务队、实施党员联户群众行动、设置网格党建监督员和网格协理员等,使党员服务群众有目标、发挥作用有平台、履职尽责有岗位,真正做到了让党员动起来,在联系服务群众、参与环境综合整治、加强基层社会治理、助推美丽乡村建设等方面发挥先锋模范作用。村里注重发挥地方特色,建立农民画教育基地、德治文化墙绘和法治文化长廊,并在景区设立流动法治舞台等,营造了良好的"三治"氛围。

十七房村的家训是"崇商尊儒、明礼诚信、乐善好施、慈孝睦邻",历代相传至今,现在就镌刻在村庄入口处的展示墙上,为村庄增添了几分历史厚重感。正是好的家风家教,滋养了十七房淳朴的民风,净化社会风气。随着村民生活日益富裕,村里的精神文化生活也日渐丰富多彩,充满了新时代的气息。在十七房的文化活动中,最具特色的就数民俗文化"车子灯",端午、冬至等重大节日和其他活动期间都要进行表演,已成为民间文艺中重要的表现形式。不仅有"车子灯",农民画更是受到了十七房村民的欢迎。村里

在镇海区率先建成首座农村文化礼堂,已成为集农民画展厅、文化展厅、文化讲坛、文化活动室为一体的文化根据地,农民画传播基地也应运而生,通过创作展陈农民画作品,弘扬主流价值,展示村史村情、乡风民俗、崇德尚贤、新农村建设成果等内容,营造了群众乐学精进的浓厚氛围。

在十七房村,"有事阿拉坐下来好好说",已成为村民们的口头禅。通过深化党员议事、村民说事机制,创新实施信访代办制,深入挖掘并充分提升议事站的作用和能力,扎实做好便民服务工作,使矛盾纠纷不出网格、不出村,化解在萌芽状态。在"村民说事"中,大家围绕村庄建设、经济发展、社会稳定、党群关系等各抒己见,畅所欲言,集思广益。你一言我一语,"话"出了十七房村的发展前景、解题思路、和谐稳定,美丽乡村在这样的场景中不断地发生着变化,一个农旅融合、文明富裕的景区化新农村也应运而生。

008

镇海区光明村
双轮驱动图振兴　美丽田野绽新颜

光明村位于镇海区庄市街道,区域面积3.2平方公里,有耕地1000余亩,有农户1001户、户籍人口2556人、外来人口近5000人,有党员153名。近年来,光明村现代工业和农旅产业双轮驱动推进村庄发展,探索出一条切合平原近郊农村实际的成功之路,将这里建成了美丽富足、生态宜居、生活幸福的新农村,获评全国文明村、国家级美丽宜居示范村、浙江省小康建设示范村、浙江省绿化示范村、浙江省卫生村、浙江省文化示范村、浙江省森林村庄等。

光明村地处"黄金三角地带",地理位置得天独厚。但以前这里脏乱不堪、破旧泥泞,被人戏称为"烂光明",村民多靠务农和外出打工为生。是改革开放的春风,翻开了光明村腾飞的篇章。光明人敢想敢干,大力发展乡村企业,壮大了经济,富裕了村民,奠定了村庄发展的厚实根基,并提出了"做大一产、做强二产、做精三产"的发展思路,确保经济持续健康发展。加快现代农业建设,以传统瓜果基地、时新水果基地、蔬菜大棚基地和梅花鹿养殖基地4大特色产业基地建设为载体,通过与浙江省农业科学院合作开发精品优质高产农业,并引进高效益新品水果,通过不断地改进品种,丰富了高精农业产业链。优化工业产业结构和布局,通过建立博士后工作站、与科研院所开展战略性技术合作等,在新产品开发、技术创新方面成为现代企业的示范,同时采取筑巢引凤等多种渠道,扩大招商引资力度,加快工业园区建设,促进经济又好又快发展。2020年年底,村级可用收入480万元,农民人均年收入达到4.5万元。

在经济发展的同时,他们开始着手村庄规划,着手绘就一幅"特色产业、特色村庄、特色文化、特色管理"的新农村发展蓝图。通过推进农房集中改建、农村土地综合整治、农村社区建设、农民素质提升等工作,促进农村人口再聚集、基础设施再完善、公共服务再提升、社会管理再创新。按照"统一设计、统一格式、统一色彩"的方式,建设村民别墅588套、商品房128套、老年公寓28套,配套绿化面积1万多平方米。大力推进村庄环境整治,开展清洁美化家园行动、家庭绿地认养活动、绿色环保家庭评选活动

等。投资 40 万元，建造了 1.5 万平方米的音乐喷泉广场；投资 200 万元，新建生活污水生态处理系统，实现污水零排放；新建、改建、迁建公共厕所 22 个；实施全村亮化工程，安装路灯 300 余盏；建绿色生态园林，生态文明深入人心，生态成果人人共享，努力把光明村建设成为水清、路洁、地绿、庭美的园林式村庄。

紧扣乡村振兴战略，因地制宜打好集体经济发展"组合拳"，按照"乡村公园化、田园休闲化、农业现代化、工业生态化、景观创意化"的发展思路，全力打造都市田园新标杆。这个 10 多年前就以"光明工业园"声名远扬的明星村，又"端"起了农业"饭碗"，开始了"二次创业"。为了使农业效益得到最大化发挥，他们把农业与旅游业有机地结合起来，引导城市商贸流通向农村拓展，发展农业休闲旅游，并以建设农业休闲观光园为突破口，形成农业休闲旅游的新亮点。村里投资 5000 万元建设了生态农庄，集垂钓、休闲餐饮、采摘、住宿于一体，不仅吸引了大批的游客，还为村民带来了可观的收入。随着生态农庄的开发，周边也陆续开办了梅花鹿养殖场、时令水果采摘园等，越发成为城里人青睐的休闲娱乐好去处。

在经济发展的同时,把着力点放在为老百姓办实事、办好事上,让村民享受改革开放的成果。走进光明村,就见一排排新颖的别墅错落有致、绿树环绕。而在别墅区域内,广场、花园、健身步道有序分布,以及便民服务中心、社区服务中心、物业服务中心、党员服务中心、志愿者服务中心、警务值班室等,俨然城市里的一个成熟社区。便民服务中心已延伸到生活服务、志愿者服务、物业管理服务、党员服务四大领域,以全程代理、一站式服务为理念,为村民提供全方位服务,并坚持村干部轮流值班制度,使村民足不出村就可以办理村民建房、社会医疗保障、残疾人服务、计划生育等一系列事务。生活服务中心一条街有8000多平方米的生活圈,里面菜场、超市、信用社、医疗站等一应俱全。提供全天候的物业管理服务,包括保洁、绿化、保安、邮政、咨询等,费用全由村里买单。15分钟生活服务区编织起村里的便民服务网络,为村民营造了一个设施完善、安居乐业的环境,创造了幸福的生活。

在光明村,村民们不仅享受着富足的物质生活,还享受着与城里人一样甚至比城里人更轻松愉悦的精神文化生活。村里加强基础设施建设,投资600万元,建设光明村幼儿园;投入400万元,建设光明村文化礼堂。大力推进"种文化"活动,在3个自然村和工业园分别建立文化活动中心,设有老年活动室、健身室、图书阅览室、乒乓室、棋牌室、露天戏台、灯光球场等,并建有村级党校、家长学校、人口学校等。村民们积极参加村里组织的各类文体队伍和文体活动,满足了他们在精神文化生活上的需求。村里十分重视村民的思想道德教育,开展具有光明村特色的"三和四美"文明评选活动和乡风评议活动,让村民评身边人身边事,涌现了一批较有影响的道德典型。积极探索新型村庄治理道路,走出一条"互联网+乡村治理"的道路,以扎实的智慧管理方式,引导村民人人参与,做好"都市田园""和美家园"两大文章,使这个原本由3个行政村合并而成的村子不仅做到了资产融合,还做到了"并村也并心",同时也做到了与外来人口融洽相处,新光明人和老光明人像一家人和谐相处。

梨花是光明村一张靓丽的名片。村里以黄花梨种植激发特色农业发展活力，同时丰富农产品品种，培育黄花梨、黄桃、草莓等千亩特色产业聚集区，形成了品牌效应。特别是梨园规模有700多亩，每年清明时节，正是梨花绽放最为娇艳的时候，盛开的梨花就像冬雪一般，洁白一片、晶莹剔透。走入梨花林中的小径，两旁梨花万朵、层层叠叠、竞相开放，既有乡村特有的宁静，也有鲜花盛开的艳丽，引人入胜。以花为媒，光明村牵手农旅"联姻"，连续7年举办梨花节，并融入花田音乐会、摄影比赛、书画名家笔会等系列活动，营造浓郁的乡村文旅发展氛围，形成了一产和三产的互促共荣。

接下来，光明村还将整合周边生态林、党员模范林、百亩果园的建设资源，实现资源合理开发利用，构建科学生态的发展格局，打造一个国家4A级旅游休闲观光景区，让村民享受到更多的实惠和好处。

镇海区朝阳村
打造田园综合体　建设美丽新乡村

朝阳村位于镇海区骆驼街道北部,区域面积2.46平方公里,有耕地700多亩,有农户876户、户籍人口2025人、外来人口近3000人,有党员72名。朝阳村作为镇海区的中心保留村之一,按照城乡融合、乡村振兴的要求,深入实施美丽乡村建设,努力打造田园综合体,打响了原生态乡村品牌,获评国家级生态环保示范村、浙江省文明村、浙江省卫生村、宁波市全面小康村、宁波市森林村庄等。

朝阳村因20世纪50年代组建朝阳农业社而得名。农耕文化孕育了朝阳人勤劳尚文的风气,数百年来,村里名人辈出,不少自然村都留有鲜明的宗族文化印记。沈家河头村就有保存完好的沈氏祠堂,供奉着祖先沈焕。沈焕是南宋文人,师从儒家心学开创者之一的陆九龄,沈焕在镇海建造南山书院并讲学,理学大家朱熹曾前来与他探究学问,世人尊其为"南山先生"。后与杨简、袁燮、舒璘同创南宋四明学派,并称"甬上淳熙四先生"。如今,祠堂内还置有一块"南山书院"的匾额。

10多年前,新一届村领导班子立足"清、净、绿、美、有文化"五大元素,

采取"薄村厚做",从农村基础建设入手,实施了雨污分流,开展了环境整治,建设了文化礼堂,修筑了游步道,拓宽了道路等,一步一个脚印地朝着既定目标奋进,绘制了一张诗意江南、水乡朝阳的美丽农村新画卷。

2008年,在农村开始实施雨污分流工作时,村里就敏锐地认识到,这是一个很好的契机,既可以借此把村里的道路整修一新,改善村容村貌,又可以推动村庄的发展。村里就大胆向上级争取,得到了充分的肯定和大力的支持。但村民私底下议论,这个项目实施起来,每家都要"开膛破肚",阻力肯定很大。为推进这项工作,村里多次召开支委会、党员大会、村民代表大会等各类会议,统一思想,凝聚共识。在此过程中,党员群众也提出了很多宝贵的意见和建议。2008年4月,雨污分流工作在朝阳村最大的自然村沈家河头村铺开。这个村外来人口多,弄堂空间小,施工难度比较大。项目启动后,马上就有村民找村干部反映,担心开工后影响自家房子的安全。村干部就挨家挨户地讲政策做工作,一双脚板走得生痛,同时整天奔波在施工现场,确保工程安全实施。到了年底,沈家河头村路平了,积水没有了,家家户户门前屋后变得清爽了,群众的积极性也上来了,其他几个自然村的雨污分流工作就顺利地推动了,到2015年底,朝阳村率先全部完成了雨污分流工作。

紧接着,村里着手建设文化礼堂。选址的时候,村领导班子觉得村口老祠堂的地方好,但部分房子已出租给企业,村里就决定给企业另外找地方。很多村民不理解,觉得企业迁走了,租金没有了,还要花钱造文化礼堂,简直是浪费。村干部前期开展了调查摸底,发现村民现在都开始追求时髦了,也想村里有个像城市里一样的文化场所,可以跳跳舞、唱唱歌、练练书法。村干部心里有了底,坚持将老祠堂改建成文化礼堂。在村民一半期待、一半观望中,文化礼堂造好了,整个村子也开始热闹起来,村民们天天晚上跳舞健身,文化礼堂格外受欢迎。村里的文艺节目《舞凤朝阳》获评浙江省非物质文化遗产传承代表性项目,舞蹈《跳起来》获得了省农村文化礼堂乡村排舞大赛

的金奖。

从 2014 年起,朝阳村积极推进农村生态化建设,规划建设幸福美丽新家园,在大力建设洁美村庄的基础上,充分整合现有文化资源,在这片充满诗意的乡村沃土上,精心栽培田园综合体,农旅结合,打响原生态乡村品牌。近两年,村里投资 700 余万元,建成长 5.6 千米的游步道,连接起百诗长廊、百草园、沈氏祠堂、百桃园游览线。沿河信步走来,树林身姿摇曳、随风吟唱,令人心旷神怡。

村里在全村范围内设置干湿分类垃圾桶,保洁市场化,配备专门保洁人员,负责全村垃圾分类、收集、清运,以及道路清扫等日常保洁工作,对生活垃圾实现日清日运,保持村容村貌整洁。新建了厨余垃圾太阳能减量化处理站,实现了厨余垃圾就地处理。2019年实行了以桶换桶,避免了垃圾二次污染。还新建了6个公厕,改建了4个。加强日常保洁与每星期巡河工作,安装增压水泵,实现水体循环,确保水质正常。积极探索农村美丽庭院建设新路径,创建示范户、精品户,将美丽庭院建设与农村环境美化、垃圾分类、"五水共治"结合起来,提高工作成效。

以实施美丽乡村建设为契机,朝阳村不断加大村庄建设力度,紧紧抓住群众迫切需要解决的实际问题,投入资金花大力气进行解决。村里四处出击,尽可能多地争取资金,让更多的项目在朝阳村落地。在上级和有关部门的支持下,朝阳村先后承接了大小项目近20个,总资金1900余万元。建设资金怎么用,项目建设进度如何,都必须让党员群众明明白白。2016年,朝阳村建成了整齐划一、特色鲜明的党建长廊。党建长廊不仅是一道亮丽的风景线,更是村里工作的展示台和党群干群的连心台。党员群众通过党建长廊看到了资金的流向,看到了项目的进展,也看到了村干部的辛苦付

出。不仅如此，村里所有的实施工程都聘请了村民监督员，邀请老百姓全程参与监督，让村民看得安心，让村干部干得安心。

加强社会治安综合治理工作，理顺各方面关系，创造优良的社会环境，搞好安民工程，群防群治，确保村民安居乐业。反对封建迷信，依法打击犯罪分子。认真组织协调各网络，开展网格化管理工作，按照工作要求，完善数据录入，及时更新完善基础数据，利用信息平台上报各类民生安全、矛盾纠纷的事件，让各类事件得到有效处理。

根据镇海区新出台的美丽乡村风景线规划，在以朝阳为核心的骆驼农业产业园区，以"江南水乡、田园生活"为建设目标，融合生态与环保的理念，打造现代农业、田园社区、休闲旅游三大板块、三个集群，串联起商帮寻根风景线，两岸田园风光美不胜收。一个"思忆江南、水乡朝阳"的曼妙身影，正款步向我们走来。下一步，朝阳村将继续按照文明品质提升三年行动计划，争创全国文明村，创建文明示范线，建设美丽宜居新家园，努力将朝阳村打造成镇海新城的美丽后花园。

010

北仑区河头村
青山相依河水碧　花田锦簇家园美

河头村位于北仑区柴桥街道西南面,村域面积5.3平方公里,有耕地1850亩、山林8500亩,有农户910户、户籍人口2169人、外来人口650余人,有党员69名。以前该村主要以种植花木为主,是远近闻名的花木特色村。近年来,在大力发展花木产业的同时,河头村从环境卫生改善、服务水平提高、农业增效增收、村民素质提升等方面,加快新农村建设的步伐,两个文明建设都得到了长足的发展,获评全国文明村、浙江省卫生村、浙江省森林村庄、浙江省3A级景区村庄、浙江省美丽乡村特色精品村、浙江省全面小康建设示范村、浙江省兴林富民示范村、宁波市最洁美村庄、宁波市民主法治示范村、宁波市村庄整治建设十佳村等。

众所周知,柴桥是"中国杜鹃花之乡",但很少有人知道,河头村是柴桥花木种植的起源地之一。早在20世纪90年代初,河头村村民就开始种植花木,起初只是"小打小闹",后来发现花木种植大有市场,就开始大规模种植,并不断引进新品种、采用新技术,历经30多年的发展,目前该村花木种植面积已超过了5000亩(包括在外租田种植),产值达1.2亿元。全村

90%以上的农户从事花木种植和花木销售,村民年人均收入超过了5.2万元。现在河头村的花木种植已经覆盖北仑全区,并且向宁波以及外市、省发展,总种植面积已超过万亩。为巩固壮大花木产业,村里相继建设了花木精品园、休闲观赏园、花木示范走廊,成立了花木产业促进中心、青年花木产业创业中心等。不但有花木种植专业户,还有专业的花木销售队伍。这支队伍共有100多人,奔波在全国各地,不断开辟新市场,并在全国各大中城市建立了花木中转站,积极推销花木产品,全村已形成了花木业产、供、销一条龙的服务体系。

勤劳的河头人不仅将花木当作自己的"钱袋子",更把花木作为美化家园的好方式。他们利用特长、出钱出力,实现了村庄90%的绿化率。清溪流淌的溪坑边,村民的房前屋后间,各个公园的道路,樱花、杜鹃、茶梅、紫薇、桂花、凌霄等此开彼落。走进河头村,青山环绕,绿意盎然,四季花开,仿佛置身于花的海洋。周边的山上田间,花木种植一排接着一排,一片连着一片;村里条条道路整洁有序,两边都种满了各种花卉;整齐划一的民房,被团团娇艳的花儿簇拥,户户民居皆如花园。

村里最早一批村民开始种植花木时,由于交通不便,都得肩挑着花木去宁波、杭州等地销售,村民往往为交通不便导致花木滞销而发愁。后来公路虽然通到村口,但大车还是进不来,只能靠手推车转驳,成本高不说,花木损伤很大,收购的老板也嫌麻烦。进入21世纪,村领导班子决心改变这种状况,开始策划把村头到村尾的村道拓宽。经过一番筹备,2006年,村内道路拓宽改造工程陆续开工。到2010年,经过紧张的施工,河头村已建成5.2公里的村内公路。紧接着,政府又投入大量资金修建和优化了村外的几条主要道路,一下子就极大地方便了花木的运输,人工费用和时间都大为减少。

近年来,河头村大力开展新农村建设,投入数千万元资金,进行村庄环境卫生的整治,先后整治溪坑、拆除旧房、改造荒山、修整池塘、完善污水管网等。除建造文化礼堂,还建设了4个休闲公园、4个体育健身场所、1个民俗陈列馆、1个乡土风情馆等,村容村貌日新月异。他们还在节水排污治污上下大功夫,除了建设高标准公厕、建造封闭式垃圾房、改造净化自来水等,还对泵房进行改造,覆盖了附近的农田用水。与此同时,建成全长11公里的云雩山游步道,并沿线种植了蓝莓、樱桃、橘子等果树,还在村庄入口处建造了集餐饮、田园采摘、农事体验、休闲绿吧为一体的森林农庄,使河头的荒山野岭变成了花果山。经过一系列整治,村里实现了"三化",即净化、绿化、美化,全村远看是花园,近看像公园,细看村民生活在幸福的乐园。

"美丽资源"转化为"美丽经济",道路的畅通盘活了沿线的"美丽资源"。河头村在大力发展村级集体经济的同时,注重保护生态,进一步挖掘乡村休闲旅游资源,一改单一依靠花木经济的发展模式,开发了农家乐、特色农业、乡村民宿等,游客纷至沓来,实现了"有山有水有生态"的乡村旅游发展目标,使这个山水间的花园式村庄得以将绿水青山展现于众人的面前,持续焕发着生机和活力,呈现出一幅独具魅力的"河头生态图"。

河头村自古就有优良的家风家训，一直以来乡风民风淳朴。为了延续这优良的家风家训，提升村民对家的认同感，不断将好的家风家训发扬光大，他们积极收集村情村史、乡风民俗、德贤英才等内容，在文化长廊中展出。广泛开展社会主义核心价值观的宣传教育，在小巷小弄的墙上贴上功德牌，在美丽庭院外放上善德罐，挂上美德匾，在小弄堂里打造法治巷等，让善美家风渗透进村民的日常生活。除此之外，河头村还大力开展"身边好人""文明家庭""绿色家庭""十佳好婆媳"等推选活动，挖掘宣传村民身边的道德榜样。村里更是通过文化礼堂、春泥计划等平台，组织开展重阳敬老礼、孝德故事会等活动，弘扬孝德文化，用身边故事浸润好家风，培育好民风。通过各类制度和活动调动村民建设和管理家园的热情。开展移风易俗活动，制

北仑区河头村

定村规民约等,对大操大办、黄赌毒等现象说"不";成立村民群防巡逻队,在村内进行巡逻,发现纠纷及时调处;动员和组织村民参加志愿服务活动,营造"人人为我、我为人人"的良好社会风尚。每家每户的门楣边、围墙上,都悬挂着"善、孝、忠"等牌匾,传统家风文化与现代建筑特色珠联璧合,良好家风家训在河头村传递蔓延,影响着一代又一代河头人。

家园如此美丽,河头人更是用心维护,他们齐心协力参与村庄的整治和环境的维护,才使得家园胜似花园。村里整治房屋墙面时,村民们说,这是为了他们自家的房子变美,他们也出点力;推行房前屋后绿化时,村民们提出,花坛村里建了,绿化由他们来做;公共设施建设时,村民们捧出了集资款;村里实行"垃圾不落地、取消垃圾房"的清运模式,村口路旁不时可见村民弯腰捡起垃圾。在村里的各项建设中,处处可以看到村民们忙碌的身影。

如今的河头村花木产业方兴未艾,美丽风景逐步凸显,花香四季弥漫、乡风淳朴和谐。下一步,村里将借助大力发展生态旅游业的契机,突出自然山水、休闲度假、健康养生等特色,以"一道、一园、一线"为重点,在完善旅游产业上实现新突破,在发展旅游经济上实现新跨越。

011

北仑区大溟村
观光故里好观光　一步一景好风光

大溟村位于北仑区柴桥街道,是一个三面环山、景色优美的村落,区域面积2.6平方公里,有耕地760多亩、山林3000亩,有农户387户、人口932人,有党员41名。近年来,大溟村结合花木之乡的特点,以"红色党建""科普文旅""乡愁文化""宜居庭院"等为特色,加快新农村建设,取得了良好的成绩,获评全国防灾救灾示范村、浙江省文明村、浙江省民主法治村、浙江省卫生村、宁波市生态村、宁波市未成年人思想道德工作先进村等。

一到大溟村,村口就是总长400米的观光廊,主要分为钟观光先生的植物学研究发现、植物博览、中国杜鹃花之乡等三个部分,集党建显亮、植物科普、村容美化于一身,展现了一幅古朴典雅与现代文明相得益彰的新农村画卷。走进大溟村,既有赏心悦目的千亩花田,也有淳朴敦厚的乡风民风,还有一处处故居讲述着岁月流逝,一位位名人带你走进沧海桑田。

大溟村是近代植物学开拓者钟观光先生的故乡。钟观光先生是中国第一位用近代科学方法进行广泛植物采集调查的人。钟观光先生的故居历经百年,经过修缮重新焕发光彩,有着晚清时期传统民居和西洋风格融合的特色。2008年,这里被批准为北仑区文物保护单位和青少年教育基地,成为游人了解植物学、接触钟观光先生生平的去处。

大溟村还有靓丽的山水,"芦江十景"中的第三景"双石朝云"就在此处。从双石人山北麓山脚下的甘溪桥出发,沿着一条小路,可以到达海拔近500米的山顶。站在山顶远眺,可以看到芦江河的入海口穿山、大榭岛和金塘岛,再远处便是烟波浩渺的东海。双石人山顶比较平坦,散布着一堆乱石,石块有大有小,线条比较圆润,两块最大的如人形相对而立,这便是"双石朝云"的由来。

2016年,梅山保税区连接线贯通,大溟村交通变得更为便利。2017年,乘着又一轮新农村建设的东风,大溟村开始内部环境的改造,相继投资170万元铺设观光路沥青路面,投资160万元建设沿路观光植物长廊,并新建停车场、笼式足球场等。结合原有文化讲堂、河岸公园、文化礼堂、钟观光故居、

黄氏宗祠等,目前形成了"观光植物科普长廊 — 学习讲堂 — 千亩花田 — 钟观光故居"的星火科普文旅线,及"观光植物科普长廊 — 学习讲堂 — 门球场 — 河岸公园 — 文化礼堂 — 美丽庭院 — 黄氏宗祠"的乡愁体验线。由点及线、由线到面,打造以花香、果香、茶香为主线的农事科普体验基地,游客在农田里辨识植物,在采摘中有所收获,幸福农村的别样风采展现在世人面前,乡村游更具有内涵和意义。

同时,大溟村进行软件配套建设,设置游客服务中心,绘制旅游导图,在各个路口设置标志牌,各个景点设置景点介绍、安全环保提示牌、禁烟标志牌等,并配置安全巡逻人员,设立消防设施、医疗点等,保障游客游得安心、玩得放心。村里实施8小时动态保洁,配备专职保洁员,实行网格化管理,实现道路清扫、上门收集、清运垃圾机械化,村民实现"门前三包"。2018年,更新村内垃圾收集设施,拆除露天垃圾池及旧式垃圾屋,治理裸露垃圾二次污染问题,新配置集中分类垃圾收集点,家家户户配备分类垃圾桶。同时,

　　结合志愿服务力量,由党员发挥先锋模范作用,每月开展村道清扫、溪坑治理、美丽田园清洁等活动,并发出倡议书,号召村民积极投身到清洁乡村活动中来,努力把大溪村打造成生态宜居的美丽家园,不断提升村民的幸福感和获得感。

　　走进大溪村,无论是村道还是弄堂都整洁有序,村民们在开心舒适的同时,热衷装扮庭院、美化房前屋后。一批批美丽庭院的创建,实现了开窗看绿、推门闻香、移步见景,使庭院成为乡村振兴中的一道亮丽风景。游生态山水、看名人故居、住小院民宿、吃农家饭菜、品非遗大戏,大溪村休闲旅游实现了内涵的提升。一个集自然山水、文化古村、生态农业、休闲观光于一体的乡村振兴梦正在大溪村实现,这座绿水青山环绕的村庄,以清新空气、阡陌田野、和谐乡风,欢迎着八方来客。

　　大溪人素来喜爱文艺活动。早在1951年,村里就因陋就简地办起了农村业余剧团。目前村里有鼓乐队、曲艺队、腰鼓队等文艺队伍8支。大溪村的舞龙队、车子灯两项非物质文化遗产项目更是远近闻名。在春节期间,大溪人用舞龙、腰鼓、车子灯等传统节目串联起新春大游行。欢快的音乐、整齐的队形、村民积极向上的精神风貌,给这座依山傍水、玲珑精致的小村增添了浓郁的历史文化色彩,也让非物质文化遗产有了薪火相传的平台,使中国传统民间文化得以延续其生命力。同时,大溟村以"我们的节日"为主线,开展传统节日进文化礼堂系列活动,如新春送春联、端午包粽子比赛、中秋家风剪纸、重阳戏曲联欢等,激活了乡村的文化动力。这是一代人的乡味,也是新一代人了解过去的窗口。

大溟村的"乡味"不止于此。大溟村是著名的"牛奶金橘之乡",早在20世纪70年代初,就开始大批量种植"牛奶金橘",每到金橘丰收的季节,满山金黄、果香四溢,这便是老一辈人口中的"柴桥金蛋"的代表。同时,大溟村的走地鸡、原生态的果蔬、老味道的小吃,组成了记忆中的美食体系和农家味道。

近年来大溟村以红色文化为魂,用崇德向善立村,围绕乡村振兴、文明乡风做起文章,擦亮观光故里品牌。同时发挥党建引领示范作用,加快村级

组织阵地化、规范化、标准化建设,充分结合本村历史文化风土人情特色,开展丰富多彩的党员教育、文化宣传等活动。在推动美丽乡村建设的同时,更加注重基层群众的文化娱乐活动,践行文明乡风。持续开展清洁家园行动,全面清理道路两侧堆放的垃圾,屋前屋后乱堆放的垃圾、农田废弃物等,整治乱搭乱建、乱拉乱接等现象,结合美丽庭院创建工作,促进庭院内外整洁有序,做到了田园、水源、家园清洁。通过传承红色基因创特色、农村基础设施建设增亮色、美化乡村容貌提亮色等,各项工作扎实推进,村民生产生活水平进一步提升。

下一步,大溟村将继续深化新农村建设的内涵,着眼钟观光故居、黄氏宗祠等文化名片,持续做好本土历史文化的保护、融合、传承三篇文章,将历史文化作为一种乡愁,贯穿于美丽乡村建设的始终,让自然之美、和谐之美、生态之美得到淋漓淋漓尽致地展现,呈现更加独特诱人的魅力。

012

北仑区三山村
科学规划谋新篇　彰显特色留乡愁

三山村位于北仑区的南端，三面环山，一面临海，是春晓街道的中心，也是滨海新城的门户区，由5个自然村合并而成，区域面积18平方公里，有耕地2528亩、山林16271亩，有农户2716户、户籍人口6901人、外来人口1166人，有党员318名。近年来，三山村立足本村实际，科学规划、大胆创新，着力构建城乡一体化新格局，建设生态文明新农村，获评浙江省3A级景区村庄、浙江省首批休闲旅游示范村、浙江省卫生村、浙江省生态村、浙江省文化示范村、宁波市文明村、宁波市十大特色民宿村、宁波市农家客栈（民宿）集聚村等。2020年，村集体经济收入621.66万元，人均年收入30564元。

依山傍水的三山村，是原三山乡政府驻地，域内山峦苍翠、溪流淙淙，生态资源丰富、环境整洁优美。但过去因交通不畅，出行极为不便。在太河路溪呑岭隧道打通之前，去城里要翻越三座岭，走50多公里路，久而久之，在三山村形成了自己的小集镇，主要集中在合宅自然村。长长的老街是方圆十里的村民集聚的中心，赶集看戏好不热闹，堪称山村里的"小上海"。不过过去这里的人们有一个不小的遗憾，就是"有水不见水，见水要皱眉"。原

来老街是依水而建的,过去河道上铺着水泥盖板,可以供人行走,同时也成了沿街商户摆摊的区域。日复一日,上游垃圾入河,雨污管道混流,盖板一盖虽然眼不见为净,但给清理带来了很大困难,乡村美景被掩藏了很多年。

2015年,三山村启动老街改造,办的一件大事就是把河道盖板掀掉,还水乡原貌,却遭到了大多数村民的反对,商摊经营户的反对声尤为激烈。党员干部就挨家挨户登门做工作,村民的思想工作做通了,改造过程又是一波三折,光是河道护栏改造就讨论了数十次,村民不理解为何要用旧瓦片、老墙砖。乡村改造究竟改成什么样子。村里请来高校的专业团队,走访探讨各种方案,最后把风格定位为新中式民居,既有优美的环境,也有老底子的文化,还有现代的生活。

他们从整体规划入手,在不改变原有乡土风貌的基础上,因地制宜,提升"颜值"。盖板掀开后,水底终于重见天日,淤泥被清除,取而代之的是天然的鹅卵石;收集老房子的废砖瓦,在两旁砌起了半米高的挡墙;用仿制古建筑窗台做了图案各异的造型,各色花草点缀其中,安全美观两相宜;用竹子打造凉亭,沿河还设计了几个水埠头,方便村民临水亲水;立面整治摒弃统一刷白的老办法,保留了每幢房子的肌理。地处中心地段的农村综合体也进行了科学规划整合,涵盖公交站、菜市场、停车场、卫生院等公共服务设施,包括路面白改黑、三线下地、立面美化等工程。短短几年时间,三山村从脏乱差的破旧面貌,蜕变成了美丽乡村的新模样。村里潺潺溪流蜿蜒而过,商铺沿水而立,"古树、深井、老街,小桥、流水、商家"的景象跃然眼前,给人以既古朴端庄又清新亮丽的美感。

随着滨海新城建设的推进,三山村依托独特的区位优势和资源禀赋,全面开启了新农村建设。按照"多元导向、多规衔接、特色彰显、产形结合、资源复合、城乡互联"的发展原则,优化新农村改造规划,着力"一带二轴三片"的空间布局,形成"近期洁境、中期美境、远期意境"的整治目标和区域"改造+提升"的整治思路,推进一、二、三产融合和城乡融合发展,打造新城的后花园。根据三山村花木产业发展的实际,进行大流转、大景观改造,通过土地集中流转,进行统一的管理,让景观与生产相结合。对村庄进行主题打造,如双狮片区先天条件良好,通过基础设施提升,全力发展乡村旅游;合宅片区是整个三山村生活功能的支撑点,重点整治沿街商铺,统一店招,

建设大型停车场,拓展会议、餐饮、住宿等功能。一个生态特色鲜明、村容村貌整洁、增收渠道顺畅、乡村文化繁荣的生态宜居新农村款款而来。

三山村的洁美不是天赐的,也不是偶然的,而是持续多年下决心整治改造的必然结果。在治水过程中,村里发现最难改变的就是村民的生活习惯。过去村民都习惯到河埠头洗衣服,洗衣水泛着白白的泡沫,直接融入河水里,污染了水源,也影响了环境,下游水质明显变浑浊,天一热还会散发出难闻的气味。为了改变这延续千百年的习惯,村里没有少使劲,但效果并不算好,他们就加大宣传力度,并组织幼儿园小朋友传唱宣传护水的儿歌童谣,还统一做起了80多平方米的洗衣台,将污水集中处理,洗衣台的自来水费全部由村里承担。效果慢慢地显现了出来,现在到河道洗衣物的村民越来越少。随着美丽乡村建设和农村环境整治的深入推进,人居环境和生活质量不断改善,村民的环境意识和生态意识也在跟着提高,在河道洗衣物的行

为将会逐渐减少直至消失。

建设美丽乡村以来,三山村以21个党小组为单位,划分了小组包干网络,每个包干网络都由党小组长分工负责,小组成员承担起包干区域内的环境卫生、绿化养护、村户乱堆放现象的劝导工作。按照片区实情,三山村还组建起承担乡村旅游、溪坑治水、商圈服务、居家养老、爱心家政、绿化保洁等特殊功能的党小组,助力小城镇环境综合整治、发展乡村旅游等,使商业圈里占道经营、随意倾倒废水垃圾等现象得到了明显减少,店主们也主动配合城管执法,保持环境整洁。在"五水共治"行动中,"溪坑治理"党小组和"巾帼治水岗"党小组不定期巡逻河道溪坑,发现垃圾或污水排放就及时找人协调解决,确保水质清澈和水面干净。同时,发挥村民的主体作用,让村民唱主角,做到政府主导与农民主体作用相结合,使群众从看客逐步转变为参与者、监督者与践行者,发挥了村民在民意驱动、机制创新、组织带动和决策建设监管等方面的重要作用。

（照片由春晓街道提供）

依托特有的资源禀赋，三山村不断发掘人文资源，把山水格局、建筑特色、园林景观、文明创建等融入大街小巷和居民生活场景，初步形成有内涵的公园、有记忆的街区，展现出浓郁的乡村文化、民族风情和地方特色。如今生态修复工程为老街增添了乡愁和诗意，域内太河公路获评浙江省最美公路，青龙溪坑、双狮田园等景观已然形成，小桥流水人家似的魅力田园美景，已成为人们休闲旅游度假的好去处。接下来，三山村将继续坚持"生态为基、发展为要、民生为本"的方针，结合旅游与综合体建设，进一步打造宜居、宜业、宜游的美丽如画新农村。

013

鄞州区湾底村
都市里的村庄　城市中的花园

湾底村位于鄞州区下应街道,区域面积1.05平方公里,有耕地700亩,有农户410户、户籍人口1084人、外来人口1600人,村党委下辖6个党支部,有党员103名。几十年来,湾底村始终秉持"人民第一、创业万岁"的理念,特别是贯彻落实时任浙江省委书记习近平同志视察村庄时作出的重要指示精神,奋勇立潮头,踏浪向前行,走出了一条"以城带乡、以工促农、城乡一体化发展"的新路子,使湾底村成为"都市里的村庄、城市中的花园",实现了村经营性净资产10.5亿元、集体年可用资金3060万元、村民人均年收入5.2万元的可喜成绩,获评全国先进基层党组织、全国文明村、国家级生态村、国家4A级旅游景区村等。

湾底村的发展壮大,可以说是中国农村改革发展的一个缩影,也是农村全面实现小康的典型案例。别看现在湾底村是一个富裕美丽的村庄,几十年前,它可是一个穷困落后的小村子,村民穷得叮当响,吃的是酱油汤,住的是又破又小的老房子。是改革开放的东风,吹醒了湾底人拼搏奋斗的坚强意志。第一年就获得了水稻大丰收,一下子就解决了困扰他们多年的温饱问题。但他们没有就此止步,1979年,他们就开始着手创办在全国农村崭露头角的乡镇企业。了解到市场对手工工具的需要,湾底村白手起家办起了锉刀厂,通过引进技术、资金、设备和人才,很快就打开了产品销路,并逐步打入国际市场。经过多年的发展,又由一家工具厂发展到拥有5家公司的天工实业总公司,产品不断升级,业务规模不断扩大,其主打产品手工工具和果酒饮料95%以上出口到欧美国家,获得了更大的收益。

湾底村是工业反哺农业的典型,村里将工业带来的收益再投入到农业建设中,积极创新农业发展模式,努力培育农业发展新亮点。1998年,村党总支将目光放在调整农业产业结构上,开始培育投入低、产效高的桑果种植产业,经过逐年扩种,到2008年,桑果种植产业已跨越到周边县市,种植面积达到13000多亩,成为当时全国最大的万亩桑果种植基地,并形成了一条全新的以桑果为主线的现代农业产业链,建立了桑果深加工基地——天

宫果汁果酒有限公司,集生产、加工、销售于一体。与此同时,湾底村积极推进农户土地承包经营权自愿有偿流转制度,引导村民集约经营,探索出了一条产业化、规模化、精品化之路。全村农业形成了 4 个区块:以桑果为主的高效农业区,并种植了葡萄、蜜梨等优质经济果木;农业精品区,建立了 50 亩大棚基地;观赏旅游农业区,建立了名优果园、牡丹园、盆景园、苗圃大棚和园林绿化基地等;生态农业区,种植绿色蔬菜。进入 21 世纪,为了更好地规划发展,湾底村又将全村划分为农业旅游观赏区、居民住宅区和天工工业园区 3 大区块。

2004 年,湾底村利用地处近郊和现代农业发展的良好优势,通过旅游规划和资源整合,组建了旅游公司,建成了以桑果为主体的 15 个休闲观赏点、3 条旅游线及配套的餐饮业。西江古村、精品植物园、天宫城堡、中药百草园、生态餐厅等旅游项目接连建成开业,桑果等各类农果的采摘、苗圃观赏、田间垂钓和自助烧烤等旅游项目应声而起,吸引了众多的游客。湾底村

（照片由下应街道提供）

从此走上了旅游业康庄大道，每年还通过举办桑果节等活动，不断打响休闲旅游品牌。目前全村年接待游客已达55万人次，旅游总收入达3781万元。

从2001年起，湾底村开始了村庄拆旧建新，项目建设持续5年，对8个自然村，除西江自然村保留原貌，开发成旅游景点西江古村外，其余7个自然村一共6万多平方米破旧的老房子全部拆迁，合并建成了10万平方米的湾底新村，让全村1000多位村民人人住上了新房子。新村里幼儿园、小超市、活动广场、图书室等一应俱全，村民的生活完全变了样子。作为一个平原水乡村庄，湾底村在村内河道和环境整治上，没少动脑筋，也没少花钱。从20世纪90年代起，道路、河流、新村、天宫庄园的绿化、美化步伐就没有停止过。现如今，村里道路旁树木郁郁葱葱，各色花卉遍地开放，房前屋后绿草茵茵。天宫庄园里的"植物世界"占地1.2万平方米，成为浙江省单体面积最大、植物品种最多的综合性展览温室。良好的生态环境，人与自然和谐相处的模式,也成为吸引游客的一个重要因素。

生活环境变化了,村民的精神面貌也要改变。从2006年起,村里开展了"五星家庭"评选,接着,又开展"和美家园"的创建,慢慢地大家开始互相督促、劝导不文明行为,"教子有方""爱心常驻""家庭和睦""时尚魅力"等家庭在村中不断涌现。村里厨卫配套齐全的员工公寓、价格实惠的职工食堂、和谐团结的邻里氛围以及新颖亲民的管理模式,也让新湾底人融入这一大家庭,共同谱写文明的新乐章。

湾底村的发展壮大,离不开村党委的坚强领导和党员干部的不懈努力。作为全国先进基层党组织,让集体经济强大,让村民生活富裕,始终是他们不忘的初心。村领导班子始终保持着清醒的头脑,不跟风、不盲从,保持创业精神、坚持独立思考,把村民对幸福生活的向往作为奋斗目标,用幸福指数引领工作方向,用量化标准衡量工作成效。号召全体党员干部"三个吃亏"带头干,即党员干部要"气力吃亏得起、闲话吃亏得起、钞票吃亏得起"。

并带头践行"678 工作原则",即实行 6 点钟巡村、7 点钟早会、8 点钟执行,当场发现问题,当天解决问题,真正实现了当天工作当天完成。还设立了党员干部 8 小时之外工作岗,定职定责、轮职治安义务巡查,每月巡查天数达到 80% 以上;带头实行党员干部一人身兼村企多个职务而只领一份工资的制度。党员干部身体力行,尽心尽职为村民做贡献,在村民中获得了广泛好评。

40 年的发展中,湾底村先后有三句响亮的口号,代表了湾底村三个重要的发展阶段:"穷则思变",开始创业;"创业万岁",壮大集体经济;"人民第一",为民办事。新时代、新起点、新征程,湾底村又吹响了再出发的号角。2020 年,该村将启动天宫庄园景区二期工程,计划建造的文化中心占地面积 65 亩,投资近 5 亿元,将引进电影历史、酒文化等主题博物馆,形成 9 个博物馆群。同时,该村投资最大的单体建筑新天工大楼也于 2020 年底完工,作为天宫庄园景区的重要配套设施,它集住宿、会议和培训等功能于一体,给湾底村带来更多的发展机遇。西江古村二期民国老街项目,总投资 4000 万元,建成 8 幢独立的民国风格建筑,已成功引进越窑青瓷博物馆、文昌阁旗袍馆、洪润堂中医馆等 8 家文化产业。毗邻天宫庄园,占地面积 80 余亩,建筑面积 5 万余平方米,总投资 3 亿元的蓝青小学已经开学,打造"阅读与运动"两大特色,努力培养品行端正、学力扎实、身心健康、志趣高雅的蓝青学子。展望未来、牢记嘱托,践行使命、开启新篇,湾底村将奋力铸就乡村振兴踏浪前行、勇立潮头的湾底样板。

014

鄞州区上李家村

凤凰涅槃创新业　阔步奔向"绿富美"

上李家村位于鄞州区云龙镇，是一个典型的江南小村，区域面积只有0.43平方公里，有耕地150亩，有农户217户、户籍人口477人、外来人口1092人，有党员32名。早在20世纪90年代，上李家村就因生态环境保护工作突出而声名远扬，甚至获得联合国的垂青，被授予"全球500佳国际环境保护村"荣誉，并获评全国文明村、全国小康建设示范村、浙江省民主法治村等。

20世纪70年代，上李家村刚刚独立建置时，一无资金积余，二无固定资产，村委会只能挤在旧祠堂里办公。穷则思变，党的十一届三中全会以后，村里兴办工厂、大型养猪场和养鸡场等，上李家村乘着改革开放的东风实现了脱贫致富。1988年，村里建成浙江省内首家村级沼气站，被农业农村部评为全国农村能源建设先进集体。1992年，因生态环境保护成绩显著，被联合国授予"全球500佳国际环境保护村"称号。然而，"山坡好上，山尖难爬"，顶着明星光环一路前进的上李家村，却在21世纪初陷入了停滞。村办企业亏损、集体负债累累、新村建设迟缓，曾经的先进村成了矛盾复杂村。

2008年初，新一届村领导班子一上任，即对村里情况进行了总结和分析，提出了"经济发展是基础，新村建设是抓手，党建服务是保障，共同富裕是目标"的28字工作方针，并全面加强党建工作，强化班子的战斗力和凝聚力。经过多方努力，上李家村首先关闭了废弃已久的老牧场，在原有土地上建造了16000平方米的标准厂房，通过招商引资增加村级可用资金。有了资金保障，村里随即启动了新村建设，通过统一规划、统一拆迁、统一配套、统一管理、联户自建的"四统一联"改建方式，成功完成了新村一期工程。往日的破旧房屋摇身一变成为崭新的联排别墅，目睹如此巨大的变化，原先迟疑的村民们也纷纷要求进行旧房改造，于是新村二期、新村三期都如火如荼地建设起来，上李家村翻开了崭新的一页。如今村里的新村建设都已完成，新建了300套联排别墅及140套小高层住宅，全体村民住上了新居，这里俨然是一个精致如画而又不失现代气息的美丽村庄，与繁华的都市

别无二致,但又少了城市的喧嚣嘈杂,引来很多人的向往。

新村建立起来了,还要让村民享受城里人一样的配套服务,这是村领导班子的发展信念。随后村里新建了1000平方米的文化礼堂,内设图书室、电子阅览室、健身室、乒乓球室、多功能娱乐室等,满足村民学习、健身、娱乐的需求。2012年,村里又成立了居家养老服务站,针对70岁以上老人推出一日三餐的就餐服务,对行动不便的老人还提供上门送餐。和居家养老服务站一样,村里的便民服务中心也广受好评。该中心以"村民动动嘴,干部来跑腿"为理念,全年无休,除了可为村民提供社会保障、农业生产、矛盾调解、困难救助等常规服务外,还开通了水电费收缴、邮件递送、话费和公交卡充值等便民服务,不管大事小事,村民足不出村就能轻松完成办理。

"实现共同富裕,让村民过上幸福生活",这是上李家村的奋斗目标,也是村领导班子不懈的追求。别看上李家村小,但人均收入有3万多元,村民的幸福指数可不是一般的高。全体村民每人每月可享受300元生活补助金,

村里还推出了大病住院费补助政策,凡本村村民大病住院,自费部分都可获得一定补助。2018年,村里还开通了"书记一点通"热线电话,但凡村民有困难需要求助、有纠纷需要调解、有疑问需要咨询、有问题需要举报、有建议需要沟通,可以随时打电话给村支书,而村支书和村里的党员干部也会第一时间出面解决,让群众更深切地感受到干部就在身边。

"生态第一,永不停步",已成为上李家村的"村魂"。近年来,村里先后实施了污水处理、河岸绿化等工程,并加强村内道路、庭院、住宅旁绿化和公共绿地建设,使全村的人均绿地面积达到了40平方米,村庄绿化覆盖率达到了38%。2016年,上李家村还率先启动了垃圾分类工作,不仅向每户村民发放了分类垃圾桶,还建起了厨余垃圾处理中心,尝试不出村就实现垃圾分类处理。村里制定了一系列工作计划,党员干部村民代表进一步发挥模范作用,带头做好垃圾分类,组织志愿者加强垃圾分类的宣传和督导,并完善村规民约奖惩措施,引导村民积极参与美丽家园建设。村里按照绿色低碳和循环发展的理念,成立了新能源发展有限公司,引进光伏发电项目,利用厂房屋顶建造太阳能发电装置。2019年,村工业区的光伏并网通电,成为宁波市第一家光伏发电并网供电村级工业区,仅这一项每年可为村集体经济创收150万元。

上李家村首创的"双清单一机制",使其成为基层治理的"模范生"。当年村民都住进别墅时,村庄"面子"已是现代农村,"里子"却还保留着传统农村的生活习惯,201户村民中竟有50多户还在烧煤炉,乱停车、乱堆放、乱扔垃圾、随地吐痰等现象层出不穷。为此,村里及时组织开展了全村大讨论,就上李家村如何实现"二次跨越"、改变村庄精神风貌、提升村民文明素养,让大家畅所欲言、出谋划策。经过广泛讨论,包含7章30条的村规民约

正式出炉,并出台了"村民道德正面清单"和"村民道德负面清单",明确了哪些事要做、哪些事不能做。特别是"村民道德负面清单",专门对不道德行为和不文明现象,列举出"封建迷信、垃圾不分、攀比浪费、不讲诚信、薄养厚葬、诽谤造谣、打架斗殴、乱堆乱放"等20种不能做的事情。为了做到令行禁止,村里成立了道德评议委员会,如有村民违反规定劝说无效后,道德评议委员会就根据规定对其作出处罚,停发村里每月的福利补贴,还要上村里的"黑榜",在文化礼堂门前显著位置的电子屏滚动播放。当然,同时播放的还有许多上"红榜"的村民。这一举措的推出,是强化基层治理的全新尝试,是对农村道德建设在说教劝导之外缺乏刚性约束的突破,明确了村民在享受权利的同时还要承担的义务,既体现了村民的意愿,又能成为大家的行动指南,让村民生活、村干部工作有章可循、有据可依。

回顾上李家村40年的发展历程,真实而励志,其折射的敢闯敢干、自我革新精神,将鼓舞上李家人乃至更多的人不断进取、开创未来。一手抓"物质富裕",一手抓"精神富裕",上李家村凤凰涅槃后站在了新的起点上,村里定下了新的目标,不断优化生态宜居环境,进一步提升村民文明素养,通过内外兼修打造"绿富美"的生态文明家园,让村民在推进乡村振兴中不断获得幸福感和荣誉感。

015

鄞州区陆家堰村
探索治理新模式 打造和美特色村

陆家堰村位于鄞州区姜山镇东南部,区域面积1.02平方公里,有耕地870亩,有农户365户、户籍人口865人、外来人口1130人,有党员37名。近年来,陆家堰村坚持党建引领,通过探索"契约治理",推进自治、法治、德治相融合,形成了"看起来人人被约束、到头来人人得实惠"的乡村社会治理新模式,在短短的10年间,从曾经的"贫困村""脏乱村""上访村",华丽转变为全国文明村、浙江省卫生村、省级森林村庄,村集体经济收入由6万元攀升到75万元,村庄管理也形成了比较全面的制度体系,村民群众获得感、幸福感和安全感不断增强。

10年前,新一届村领导班子面对地域优势不突出、基础设施不健全、村集体经济薄弱的状况,秉承服务群众、造福群众的初衷,决定先从自身做起,加强干部队伍建设,凝聚人心、推动发展。全体干部签订了包含带头严守工作纪律、带头遵守村规民约、带头建设平安乡村等"十个带头"的"村干部公约",把上任获得的权变成为村干事的责。村干部上班走大路,下班回家走小路,在村巷看到垃圾就捡,看到杂物就清,看到困难就帮,看到村民就聊聊，发现问题马上办，很快在群众中树立了威信。村干部平时重点走访矛盾复杂的自然村和对村里工作有意见或家庭生活困难的村民等，还设立了以接待群众、矛盾调解、视频监控、专职网格员办公为主要功能的综治工作站，及时受理村里各类事项，做到"村庄天天走，民意时时收"。在推进重点工作时，村干部利用晚上时间进农户访村民，广泛宣传政策、悉心听取意见，确保工作顺利实施。为了更直接地了解实情、解决问题，村里专门配备了几辆电动三轮车，取名"初心号——党群连心车"，从村支书到每个干部，每日轮流骑车走村入巷，真正实现了"问题在一线发现、矛盾在一线解决、工作在一线推动、形象在一线树立"，进一步密切了党群与干群的联系。大家就这么一年接着一年干，一届接着一届做，坚持了10多年。

秉持"一个党员就是一面旗帜"的宗旨，全体党员签订包含"五个争做、五个不得"的党员公约，承诺争做文明个人、为民先锋、平安卫士，不得触碰法律、组织纪律等底线，每季度对党员承诺情况开展督查，每半年考评一次，将结果公示在红色党建长廊。同时，组织学习"三清单"运行法，公开展示

党员志愿者包干网格化服务事项,实现件件有回音、事事有着落。以"党员就是当然的志愿者"的理念,通过党员的自愿行动,带动其他村民踊跃报名志愿服务,融入全村网格服务管理,成为乡村治理的中坚力量。村里组建了以村干部为网格长,由138名志愿者组成的网格员队伍,涵盖平安志愿者、调解志愿者、普法志愿者等,将志愿者名单及其手机号码张贴在公开栏,承诺一旦有任务随叫随到。牢牢抓住"三清单"运行法最后一道保险,确保权力行使程序规范,在亮牌监督下,许多问题及时得到解决,村里的大事小事都件件落地落实。

在党员干部的带领下,全体村民注重自我教育、自我管理,主动报名参加各类培训,累计400余人参与了法律宣传的教育。完善村庄网络监管机制,建成良好的网络监管体系,形成"支部书记具体抓、村干部包片管、党员志愿者和村民分点督"的良好局面,村里网格化管理信息群已有158位村民加入,实时上传交流村里的各类信息,实现了村内矛盾不上交、平安不出事、服务不缺位。按照民主决策五步法程序,通过向每户家庭发放一份村民承诺书,如认真履责,则给予一次性奖励,如未履行则取消享受有关福利,实现村民承诺书签订全覆盖。践行生活契约,老百姓跟着干,从细处着眼,从破解"脏乱差"等村民关注的问题入手,引导全体村民在体验变化中自觉践行承诺,打造共建共治共享的新时代乡村治理格局。近年来,村里民众善举不胜枚举,垃圾分类、文明养犬、平安建设等工作顺利推进。

陆家堰村快速发展的秘诀就是:"党风带民风,党员带着群众一起干"。具体说就是"三干":村干部带头干,志愿者抢着干,老百姓一起干。2015年起,村里开始向乱扔垃圾、乱堆杂物"宣战",最脏最累的活,党员干部来做。村中心的小公园原来杂草丛生、建筑垃圾成堆,党员干部就利用业余时间搬运清理干净,然后根据土堆的高低起伏设计了一些景观,仅用很少的钱就让"脏乱差"有了"高颜值"。经过见缝插针式植绿种花,村里的一个个垃圾堆

(照片由姜山镇提供)

和乱石堆都被改造成了景观小品。在推行生活垃圾分类的工作中,村里制定了奖罚分明的制度,并成立由村干部、村民代表和志愿者组成的监督组,不定期进行生活垃圾分类工作的督查,村民逐渐增强了垃圾分类的意识,养成了垃圾分类的良好习惯,目前全村垃圾分类率已达100%。

陆家堰村自2008年起就建立了"六点半说事会"制度,每月至少召开一次会议,事先公布议题,参加对象由最初的党员和村民代表,扩大到志愿者,遇到重大事项的决策,则邀请村民共同参与,有些议题还听取新陆家堰人的意见。现在每次开会都有100多人参加,通过"大家的事情大家议",提出村里涌现出的好人好事和存在的不道德现象,梳理出需要集中商议解决的具体问题。10余年来,累计说事达9200件,村党支部和村里干部以实际行动践行承诺,实现绿化1.7万平方米、道路硬化4.2万平方米、河道砌坎3000余米,新增监控探头43个,建设标准公厕3座等,村容村貌不断改善,集体经济有序发展,赢得村民的点赞。

为进一步推进发展，陆家堰村根据本村实际，积极探索"村居颐养＋机构康复"的养老新模式，计划将传统的家庭养老与社区居民养老结合起来，合理采用机构养老的管理体系，整合空置房屋，打造成个性居家，为城市老人提供最接地气的农家小院，实行散而有序居住，并引进优秀医资护理团队，通过自理、介助、介护服务，形成专业健康管理体系。在文化礼堂设立居家养老服务中心，以集体用餐、送餐上门等方式解决老人的餐饮问题，结合乡村传统的文化休闲方式，利用全村资源和娱乐设施，使得老人能够体验丰富多彩的文娱活动。规整零散自留地，打造分片出租、农事活动等体验区，入住老人可以劳逸结合，参加适当农活，实现田园式村居养老，真正做到老有所依、老有所为、老有所乐。

下一步，陆家堰村将以农业产业为突破口，升级打造新型农研展区，带动旅游产业发展，构成环形产业链，重点围绕老年居住、医疗保健、农业休闲旅游、娱乐文化等方面，促进三业融合发展，打造宜居宜游特色村。

016

鄞州区走马塘村

千年文明古村落　文旅融合新征程

走马塘村位于鄞州区姜山镇最南边,由2个自然村组成,区域面积2平方公里,有耕地2300亩,有农户650户、常住人口1650人、外来人口600人,有党员48名。近年来,该村坚持古村保护与新村建设两手抓,以旅游带动产业,以产业带富村民;使村民安居乐居,使游客舒心开心,取得了明显的成效。获评第三批中国传统村落、国家级美丽宜居示范村、中国历史文化名村、浙江省文明村、浙江省旅游特色村、浙江省卫生村、浙江省3A级景区化村庄、宁波市最洁美村庄、宁波市全面小康建设示范村、宁波市绿化示范村、宁波市五星级基层党组织等。2010年上海世博会期间,走马塘村被评为向全球推广的首批18个"中国魅力小城"之一。

走马塘村是宁波十大古村之一,村中明清古建筑众多,民风淳朴,学风浓厚。历朝历代,这里共出过76位进士,被誉为"中国进士第一村"。据历史记载,它始建于北宋时期,当年陈氏从江苏苏州迁至此居住,故村民主姓陈,至今已逾千年。因为村中有南宋皇帝宋理宗赐的"遗忠堂"匾额,地方官员路过此地,文官下轿、武官下马,民间俗称"走马塘"。该村地处鄞南平原,土地肥沃,物产丰饶,被世人称为"四明古郡、文献之邦,有江山之胜、水陆之饶"。

村中明代建筑目前保留下来的尚有8处,清代建筑更是比比皆是,另有三幢民国时期西洋风格的建筑也极为典型。村中古建筑以飞檐和石窗最富特色,特别是石雕花窗,雕刻精致,并且开启自如,和木窗并无两样,其高超技艺不由得令人惊叹。走马塘村的老街,仍旧古朴淳厚,依稀可辨当年的繁华景象,隐约可体味到千年古街的独特风韵。村中的水系也是一大特色,全村有4条河流环抱,由古老石桥联系各水系并串起10余个大小参差、形态各异的水池,村中整个水系能蓄能泄能排,形成了完备的河网防务系统,使村民能最大程度地抵御旱涝和火魔的侵袭。村中散落着众多的景点,漫步村内村外,岸堤栽竹植柳,水池植荷养鱼,房屋古朴、建筑雄浑、古木掩映、玉荷飘香,村民勤朴、游客休闲,一派悠然自得的景象。

走马塘村自2012年开始了新农村建设,规划用地69.9亩,分两期改造,一期土地面积29亩,主要用于大园自然村的拆旧购新及大龄青年解困安

置。古村内的拆旧购新安排在二期,土地面积40.9亩。一期工程已经完成并投入使用,大大改善了村民的居住条件。目前正在进行二期工程的建设。与此同时,古村的整理改造也在进行,其他配套工程也陆续开展实施,目前拆除旧房面积1万多平方米,建设完善了村级社区服务中心、污水处理系统以及基础设施和公共服务设施等。

在推进村庄建设的同时,走马塘村也致力于加强村庄的管理。充分发挥党组织的核心领导作用,积极转化党建成果,实施"五议二公开"村级重大事项决策机制,坚持把重大问题交给群众,充分吸取群众的意见,提高了领导班子的自身建设水平,增强了凝聚力和战斗力。推进民生服务,提升幸福指数。依托村级便民服务中心平台,实现村民事务全程代理服务,推行服务承诺、绩效考核、追效问责等制度,做到"有人办事、有事可办、办成实事"。同时,落实各项惠民利民举措,通过发放福利,减小缴费压力;成立救

助基金,补助困难群众;设立教育基金,提供助学帮扶等,初步形成了"学有所教、病有所医、老有所养、住有所居"的格局。引导与自发结合,促进村民素质提升。开展村民素质教育工程,定期举办各类知识讲座和农民技能培训,并依托远程教育终端站点和远教影院平台,学习生活礼仪、卫生健康、疾病预防、法律法规等知识。同时,组织村民积极参与创建"五星家庭""美丽庭院"等活动,使社会公德和家庭美德渗透到生活的方方面面,让更多的群众共享发展成果,共建和谐美好家园。

走马塘村有一座不断生长着的文化礼堂。自开办以来,伴随着村庄的发展和村民的需求,结合旅游开发及文化特色,不断将相关资源融入文化礼堂,逐步扩展区域,丰富内容,创新形式。2013年11月,由村民捐资为主的文化礼堂建成,内部设有健康讲堂、进士墙、进士广场、老祠堂、图书室等;2015年4月,进士陈列室完成布置,纳入文化礼堂;2017年,结合新农村建设,建成新村文化礼堂,新增面积1000平方米,并成立文化礼堂理事会;

2018年1月,以景区化村庄建设为契机,结合游客服务中心职能,新建文化礼堂综合活动中心,内设村史村情馆、综合活动室等;2018年12月,宁波"最美古建筑守护人"邬毛银收藏馆建成开放,也纳入文化礼堂功能区块,至此,文化礼堂面积达到3500平方米。利用古村的形态特色,将人文自然景观与文化礼堂的打造交融在一起,成为走马塘村文化礼堂得天独厚之处。对于游客,古村的风土人情更加耐人寻味;对于村民,古村有了清晰的根脉维系,也有了众多的活动场所。近年来,走马塘村多个社团发展起来,音乐基地建设起来,乡风民风清朗起来,而在这背后,有一支160多人的草根团队,他们成为文化礼堂各项活动的主角,使文化礼堂年年有计划、月月有活动。每年光大大小小的活动就有几十场,这些活动提升了村民的素养,亦留住了乡愁,传承了文化,为走马塘村注入了新的凝聚力和向心力。现在,文化礼堂又引入了市场化运营机制,由专业团队为文化礼堂策划组织活动,让文化礼堂焕发出了新的生机。

借助宁波市"最洁美村庄"评选的契机,走马塘村大力开展村庄环境卫生和长效保洁机制建设,同时对全村公共区域、小巷道路、卫生死角等进行

绿化改建,并在村民庭院及公共区域配置花箱、种植花草。为确保村庄长效保洁,村内各区块都配有清洁工,每天8小时巡回清扫;各区块都实施网格化管理,网格员不定时进行巡查,对不合格地段要求及时加强护理和整改;发动村民实施"门前三包",自觉遵守村里的保洁条约;制定相应的奖罚制度,将村里的福利发放与村民的卫生保洁情况挂钩,激发村民的自觉性;下发环境保护倡议书,不定期组织志愿者开展义务清扫活动,不断提高村民的环保意识。

随着走马塘村知名度的逐步提高和景观建设的不断推进,一个焕发崭新生机和活力的千年文明古村落呈现在人们的眼前。接下来,走马塘村将引进专业团队,在更高的起点上策划开发文旅产业,进一步扩大影响、提升人气,壮大集体经济增强村民的幸福感和获得感。可以预见,人杰地灵物美的走马塘村,就像一颗璀璨的明珠,随着古村的进一步保护、利用和开发,必将放射出更加鲜艳夺目的光彩。

017

鄞州区勤勇村

战天斗地改旧貌　凤凰涅槃开新篇

勤勇村位于鄞州区东吴镇，区域面积6.6平方公里，有耕地808亩、山林8251亩，有农户595户、常住人口1287人、外来人口120人，有党员64名。这个山清水秀的小山村，有着美丽的传说，书写过辉煌的故事，如今展翅欲飞再写新篇章，获评全国环境宜居示范村、中国传统村落、浙江省特色村、浙江省全面小康建设示范村、宁波市文明村、宁波市最洁美村庄、宁波市森林村庄、宁波市农村社区建设示范村、宁波市生态村等。

勤勇村三面环山，南边的凤凰山下有一条小溪流过，被称为凤下溪。有座单孔石拱桥横跨凤下溪，叫凤凰桥。凤凰山、凤下溪、凤凰桥，都与传说中的凤凰有关。传说古时有一只凤凰飞到这里，看见这里风景秀美、钟灵毓秀，便停于溪下小憩，久而不去。所栖之溪得名凤下溪，溪源之山得名凤凰山。村庄的入口有座凤仪门，建于20世纪70年代，由勤勇人用石头砌成，是鄞州区历史最短的文物。进门就能看到一只金凤凰展翅欲飞，这是村里的标志性雕塑，也是勤勇村人勉励自己的象征。

勤勇村有着深厚的历史文化底蕴。宋时形成聚落，新中国成立后正式

建村,取名凤溪村。1959年,村民决心以勤劳勇敢改变山村面貌,村庄也因此改名为勤勇村。勤勇村的历史是中国当代农村改革发展的见证,是农村发展波澜壮阔美丽画卷的一个缩影,也是农民群众奋发图强改天换地的一个写照。与很多山村一样,勤勇人祖辈在山、吃用靠山,靠"上磨肩胛、下磨脚底"挑柴出卖度日,是有名的"烂腐村"。当时流传着这么几句话:"翻山越岭奔着路、屈身弯腰饿着肚","一天下雨勉强过、三天下雨变荒年",可见生活的困顿和日子的艰辛。20世纪60年代,中央号召"农业学大寨","艰苦奋斗、改变山河"。当时的勤勇大队积极响应,揭开了改天换地的序幕,开始了治山、治水、治路的奋斗历程。

1969年,当时勤勇大队新一届领导班子成立,立即制定了农、林、牧、副、工全面发展的规划,下决心要改变勤勇的贫困旧貌。在老书记王新德同志的带领下,干部群众齐心协力,从1970年到1971年,共建造水库8座、小水塘10座。1972年冬到1973年春,劈山改溪280米,造大寨田40余

亩，开垦茶山35亩。从1974年起，勤勇人又连续打了两场硬仗，首先是"日治坡、夜治窝"，男女老少齐上阵，日夜奋战，硬是在山脚边开垦出了小平原。那时夜幕降临了，工地上还灯火通明，村民们汗流浃背、你追我赶争上游。而这些活都是大家义务加入，不记工分的。紧接着，他们规划了新农村的蓝图，做出全村拆旧建新房的

决定。由于当地山上石料不理想，就到20里外去采购块石，每天用6到10辆大型拖拉机装运，每辆车每天跑6趟，风雨无阻。到1980年，汗水没有辜负勤勇人，村民们欢天喜地地搬进了带有阳台的新楼房。山乡巨变，村民生活蒸蒸日上，"烂腐勤勇"一跃成为"先进勤勇"。勤勇村完成了自己的华丽蜕变，这只山乡里飞出的"金凤凰"，成了当时鄞县、宁波、浙江乃至全国学习的典范，从中央到地方的各级媒体都予以广泛报道。

  由过去美术厂老厂房改建而成的文化礼堂古朴典雅，里面展陈着勤勇村奋斗历史的缩影。在那个火红的年代里，这里的人们凭着勤劳勇敢和大无畏的革命精神，靠着一副肩膀、两只手，团结一心拼命干，实现了"千余人民心向党、八百亩良田超双纲、六百亩山林披新装、十一只水库鱼满堂、畜牧生产大发展、社员户户住新房"的奋斗目标，把一个出了名的穷山村改造成

了一个"牛羊满山岗、新房幢连幢"的社会主义新农村典范。走进勤勇村,从凤仪门到凤岙门415米的村道,全部是用块石铺建的,30多幢9开间和12开间的民居,乃至大礼堂也都是石块砌成的。石墙、石门、石屋、石路、石凳、石花坛,蔚为壮观。现在看来这些工程量可能并不起眼,但是当时机械设备、道路交通等远远比不上现在,如果没有当时人们那股热火朝天的干劲,没有那股子精神力量作为支撑,是不可能完成如此壮举的。至今,人们仍然津津乐道,40年前工业学大庆、农业学大寨、浙江学勤勇,勤勇村声名享誉全国。

然而进入市场经济时代的勤勇村,却渐渐陷入了沉寂。2004年,新一届村领导班子审时度势确定了"守生态底线、谋长远发展"的思路,把生态保护作为工作的重点,为后续的发展开启了新的路子。2005年,村里正式启动封山育林,并将此列入村规民约,规定村民不得将房屋出租给污染企业,切实做到污染企业零增量。原有的五六家铸造厂、电镀厂和塑封厂等逐一关闭或外迁,随后村里的12个养猪场和1个养羊场也全部关闭。2008年,作为鄞州区分散式生活污水处理试点村,勤勇村大胆创新,新建两个集中式污水处理池,探索实施一整套操作程序,将村民生活污水全部纳入污水池中,为山区、半山区农村全面推进生活污水处理提供了新的经验。

如今,守住了绿水青山的勤勇村以"党建+旅游"为长远发展规划,全力打造乡村振兴的时代新样板,为"幸福勤勇"带来"金山银山"。2013年,勤勇村以全市"三点一线"旅游开发和区级新村建设整理式项目推进为契机,全面实施新农村建设,按照修旧如旧的原则,重点进行立面改造、环境整治、新增绿化以及进一步落实污水处理等,村庄整体环境品质得到明显的提升。穿过勤勇村标志性的石头城门,就能看到那伫立了几十年的石凤凰;宽阔的道路两侧,民居房屋整齐排列,整治如新;各家门口放置了统一的花架,鲜花盛开,清爽整洁。整个村庄古朴典雅、宁静舒心,呈现出一派秀美宜居的生态乡村景象。

近年来,勤勇村邀请专业团队,对全村进行整体规划开发,以山、水、田、村的自然地基地为依托,以大寨文化为核心,突出红色主题,重点开发主题精品旅游,着力打造红色文化情景体验乡村游目的地,规划形成了山顶游道、大寨生活、凤鸣田园、归田别院、清溪山水五大功能区块,利用"村美""人美"的优势,让老百姓的钱袋子鼓起来。目前,废弃的勤勇小学已改建成一家以勤勇文化、山水之源为特色的高档民宿,窗明几净的校舍客房勾起游人对琅琅书声的回忆。8.2公里的游步道已开工建设,将进一步展示勤勇村的红色文化、自然生态景观和人文景观。勤勇村的再次涅槃重生,让人拭目以待。

下一步,勤勇村将围绕绿色资源、红色旅游的目标,升级打造"红领绿游"党建示范线,形成"同心发力、同行互助、同盟互促、同步发展"的党建引领新格局,深入推进新农村建设,铺就美丽乡村幸福路。

018

奉化区滕头村
一犁耕到头　创新永不休

滕头村位于奉化区萧王庙街道,区域面积1.2平方公里,有耕地595亩、山林176亩,有农户370户、户籍人口890人、外来人口6500人,有党员281名。多年来,滕头村坚持走"生产发展、生活富裕、生态良好"的良性发展路子,取得了非常显著的成效,相继荣膺了全球生态500佳、世界十佳和谐乡村等殊荣,并作为全球唯一的乡村入选2011年上海世博会城市最佳实践区,还获得首批"全国文明村""全国先进基层党组织""中国十大名村""国家5A级旅游景区""首批国家农业旅游示范点""首批国家生态旅游示范区"及中国人居环境范例奖等70多项国家级荣誉。作为中国美丽乡村建设的"样板村",滕头村接待过多位国家领导人和海内外嘉宾。特别是2016年7月1日,习近平总书记在人民大会堂亲自给时任村党委书记傅企平同志颁发"全国优秀党务工作者"奖章,并亲切地寄语滕头村——"常青树不容易,一定要继续走在前列"。

"田成方、屋成行、清清渠水绕村庄",如今优美如画的滕头村,曾经却是一个"田不平、路不平、亩产只有二百零"的贫困落后小村子,生产条件和生

活水平十分落后。从20世纪60年代初起,凭着"一犁耕到头"的"滕头精神",滕头人立志改土造田拔穷根。他们在老书记傅嘉良同志的带领下,整整15个春秋,压斜了肩膀、累弯了腰,一鼓作气投入43万元,搬移136座坟堆石墩,填平29个河槽池塘,新挖了万米地下渠道和1400米河道,铺设了8500米机耕路,终于把1200多丘的杂碎田地,改造成了200多块大小划一、方正平整、排灌方便的良田。轰轰烈烈的造田工程一结束,他们又开始了旧村改造工程,对村里的住房用地进行统一规划,将原先破旧的房屋全部拆除,统一建造成黑瓦白墙的两层新房,村庄一下子就变了模样。

在村民的温饱问题和住房问题相继解决后,如何发展经济又摆在了滕头人的面前,他们没有停步,一往直前,开始发展村级经济。乘着改革开放的东风,村里兴办起的第一个有规模的企业——滕头服装厂,靠着1000多元的启动资金、十几台家用缝纫机,在一个经过改造的养鸡场里起步,现在已成为滕头村的龙头企业——爱伊美服装公司。随后,滕头村的企业如雨后春笋般不断兴起,全村的产业结构从20世纪90年代初的村内发展,到90年代末的谋求村外发展;从1999年开始筹建滕头经济园区,到2011年上半年对外招商引资,目前已有几十家企业落户滕头村。

20世纪80年代,当中国绝大多数农村还在分田到户的时候,滕头村却出人意料地流转农户土地,交由村里统一管理,发展生态高效农业,探索经济与生态双赢的路子。他们开始组建园林公司、林果特产队等,在村里800多亩土地上开辟出花卉苗木基地、蔬果园、畜牧场等,形成了水里养鱼、岸上养牛、地里种菜的自然循环。而产业转换带来了一个意想不到的结果,随着村庄环境不断改善,前来参观考察的人迅速增多。这激发起了滕头人以生态旅游进一步推动经济发展的构想,于是在1999年,滕头村专门划出几十亩土地作为旅游区,种上花卉,搭起亭子,用苗木塑造出各种动物造型,对外开放供游客参观游玩。一个"无中生有"的生态旅游区就这样建成了。3年后,旅游区对外收费,当年收益就超过了200万元。随后,旅游区的规模

(照片由萧王庙街道提供)

逐步拓展,与村里新建的联排别墅相连相映,形成了"村在景中、景在村中"的美丽乡村景象。

很多人都以为滕头村的发展奇迹源于生态旅游,其实背后靠的是严格的生态保护。早在1993年,滕头村就设立了全国最早的环保委员会,对引进的工业项目进行环境影响评估,对可能造成环境破坏的项目坚决否定。这些年来已有50多个这样的项目被否决,包括一些经济效益很可观的项目。这一举措的实施,既保证了能够通过工业化加快村庄的发展,又能够保持完整的生态优势。村里先后投入8000多万元,全面实施了"蓝天、碧水、绿色"三大工程,兴建了农家乐园、滕头凉棚、将军林、院士林、音乐喷泉广场、石刻窗花馆等生态景点20多处,全村呈现出绿树成荫、碧水环流、花果相间、百鸟和鸣的江南田园美景,实现了人与自然的和谐相处,形成了生态农业、低碳工业、特色产业等良性联动的发展新格局和别具一格的生态旅游区,在国内外都享有盛名。

滕头村不仅村容整洁美观,而且乡风文明、邻里和谐。从 20 世纪 80 年代开始,村里就注重物质文明和精神文明同步发展,制定了以"奔小康、育新人、树新风"为目标的创建文明村规划,全力营造健康、文明、进步的社会主义新风尚。当时村里制定的村规民约中就明确,不准养狗、养鸡,不准赌博、打架等。虽然村里过几年就会修订一次村规,但这几条基本都铁打不动,多年坚持下来。现在,这些村规民约已经成了滕头村民的日常行为规范,也使得全村 30 多年来基本没有发生过赌博、封建迷信和恶性的事件,成了令人羡慕的文明和谐村。

1991 年,江泽民同志视察滕头村时说,"这里的党组织过得硬,充分发挥了战斗堡垒作用"。党组织的威信源于村党委强村富民的本领和全心全意为民谋福利的传统,源于党员干部发挥的先锋模范作用。滕头村有个"三先"原则:要求村民做到的,党员干部首先做到;要求党员干部做到的,党委成员首先做到;要求党委成员做到的,党委书记首先做到。几十年来,滕头村秉持"一家富了不算富,集体富了才算富"的理念,坚持"滕头没有贫困户,没有暴发户,家家都是小康户、富裕户"的原则,坚定地走发展壮大集体经济、共同富裕的道路。村里着力兴办集体福利事业,建立了社会养老、合作医疗等制度,并为全体村民购买人身财产保险,实现了"少有教、老有靠、病有医、户户有保险"的目标。早在 1989 年,滕头村就设立了"育才教育基金",每年的 7 月 1 日,村里都表彰奖励一批优秀学生、教师和家长,还先后投资6300多万元，新建了滕头小学、村史展览室、多功能文化中心、图书馆等教科设施。"科技兴村、教育立村"已成为滕头人新的发展理念。村里成立了体育协会、老年协会等群众组织，建立了农民公园、灯光球场、老年活动中心、健身中心等文体场所。每当工余饭后，健身休闲的村民和外来务工人员总是济济一堂，丰富多彩的文体活动，给滕头人的生活锦上添花。

进入新世纪，滕头村开启了全新的发展历程，重新起航、重新出发、再创辉煌。村里出台了新的规划，用小火车线路将滕头村与周边的塘湾、傅家岙等7个村串联，形成占地16.7平方公里的发展空间，通过组建区域党建联合体，转化形成经济联合体，实现村镇建设、产业布局、交通路网、公共服务、社会管理、乡村旅游的"六图合一"，规划建设10个农文旅相融合的庄园，真正把"村庄变成景区、田园变成公园、民居变成民宿、农产品变成旅游产品"。2020年，全村旅游综合收入1.89亿元。滕头村将大力发展精品服务、精品旅游、精品健康和新经济，努力构建绿色发展、优质高效、特色明显的"三精一新"现代化美丽乡村经济体系，进一步打造"青山碧水胜桃源，日丽花香四季春"的金名片。

019

奉化区青云村
千年古村改旧貌　联步青云踏新途

青云村位于奉化区萧王庙街道,区域面积2.84平方公里,有耕地1500余亩、山林1600余亩,有农户798户、人口2118人,党总支下设5个支部,有党员100名。该村北邻剡江,西傍泉溪,南望同山,距溪口雪窦山风景名胜区10公里,主要盛产芋艿头、水果等农产品和花木,区位优势独特,人文底蕴深厚,自然风光优美,农副物产丰饶。20世纪80年代,青云村曾与滕头村等并称为奉化"十面红旗村",后来因为种种原因逐渐沦落为"矛盾村""落后村",曾连续几年被列为重点治安隐患地区而挂牌整治。10年前,新一届村领导班子上任后,团结带领村民群众先后开展了整治河道、打通断头路、兴建农居小区、修缮古民居、发展全域旅游等五大攻坚战,使青云村改变了面貌,走上了健康发展的道路,获评国家级美丽乡村示范村、中国传统村落、浙江省历史文化名村、浙江省乡村记忆示范基地、浙江省民主法治示范村、宁波市三治融合示范村、宁波市生态村等。

青云村是一个有着1100多年历史的文化名村,因村里的联步青云坊而得名,其来历与一位历史名人有关。明弘治年间,青云村出了一位进士,

名叫孙胜,他嗜书如命,又不忘造福村民,在村中筑竹庄书屋藏书,并修建了一座牌坊,命名为"联步青云坊"。自孙胜造屋藏书后,青云村藏书风气兴起,藏书日益盛行。如今,这些书籍随岁月流逝消失了踪迹,书屋也早已人去楼空,但村里人对文化的钟情和执着却一代代流传下来,从民国时期至新中国成立后,涌现出一大批政界、商界、文化界的名人和精英,有科学家、工程师、外交官、企业家等70余人,目前享受国务院特殊津贴的就有8位,他们为我国科学发展和国家建设贡献了力量。

青云村拥有丰富的人文历史资源,至今保留有大量的清末民国初期的古建筑,主要类型有民居、祠堂、藏书楼和桥梁等,群落集中、风貌依旧、风格独特。为了更好地保护古村落、发展古村落,青云村邀请了专业的建筑设计院编制了青云村保护利用规划,将村庄定位为"历史人文村落、旅游接待重

地"。2010年起开发了村西地块,由村民集资建成青云小区,极大改善了村民的住房条件。2014年,又启动了6.5万平方米的古建筑修缮工程,坚持"修旧如旧"的理念,通过请教古文物修复专家,并引进古文物修复技术等,取得了较好的修复成效。全村农房外立面整治改造126户,建设绿地、公园6500平方米。有两条河流穿村而过,其中一条长2000多米,在村中蜿蜒而过,形似玉带,经过河道及两岸的整治和修缮,沿岸花草、绿树、亭台倒映在水面上,恰是一幅清秀的江南山水画。村里花了三年时间,对全村"三线"均做了下埋处理,现在走在村里,基本看不到除了路灯以外的电线杆,也没有电线、网线像蜘蛛网般乱拉乱扯的现象。

2013年,青云村通过近半年的努力,建成了奉化区首批农村文化礼堂。根据文化底蕴深厚、建筑特色显明、文人辈出等实际情况,青云村将整个文

化礼堂的基调定为民国建筑风格，打造了一个全新的泉口讲堂，并以图文并茂的形式介绍青云村的村庄由来、历史沿革、明清建筑风格的老闾门、尊师重教的文化传统，以及丰富多彩的文化生活和美好的发展前景，将青云村的历史文化，以及现阶段的经济发展、文化活动、社会事业等各方面成就通过一个个宣传窗展示在村民面前。近年来，通过泉口讲堂、文化礼堂开展了培训讲座、文艺演出、知识竞赛和公益活动等。村里还组织开展了"好媳妇""好婆婆""好公公""好妯娌"等各类"身边好人"评选活动，评选结果通过村里"善行义举榜"公布。发掘乡贤文化，发扬乡贤精神，发挥乡贤的示范引领作用。注重弘扬良好家风家训，进一步引导村民重家教、扬家风、传家训。借用红黑榜等多种形式，不断增强村民的道德观念，弘扬社会公平正义。

秉持"民主建村、依法治村、以德育村"的理念，扎实推进自治、德治、法治相结合的"三治"融合建设，青云村成立了由群众推选的德高望重、公道正派、熟悉法律知识、说话管用的老党员、老干部等组成的村"道德庭",该庭依据法律法规、村规民约和道德规范、公序良俗调处村里的邻里瓜葛、社会矛盾、土地纠纷等,具有较高的公信力和影响力,已逐渐成为解决村内各类矛盾纠纷的重要平台,村民有事找"道德庭"解决的意识不断增强,"道德庭"庭长和成员的身份认同感也与日俱增。围绕"矛盾不出村、平安不出事、服务不缺位"的工作目标,青云村结合新时代"枫桥经验",因地制宜地通过"流动人口服务中心挂牌、旅馆式管理总台建成、相关责任制度上墙"等举措,以"村里自管自治、公安支撑协助"的机制,充分发挥网格化管理作用,利用"互联网+"思维,建立信息互通、资源共享、管理与服务并重的动态化管理体系,打造具有本地基层治理特色和亮点的工作模式,确保平安建设稳步推进。

青云村近些年发生的极大变化,离不开已因病去世的老支书杨海定的呕心沥血。2010年,杨书记听从组织召唤,毅然放弃自己年收入近百万元

的企业和优越的生活条件,义无反顾回村任职,接过这个"烫手山芋"。他立下誓言:这个书记要么不当,当就要当好,为村庄办实事,为村民谋幸福。在担任村支书的8年时间里,他全身心扑在村里的工作上,"一心为民、一心为公",团结带领班子成员和村民群众,打通断头路、修葺古民居、处理村民的大事小事等一系列实实在在的工作取得了很好的成效,哪怕身患重病也一刻不停歇。杨海定虽然去世了,但留下了襟怀坦荡、一心为民的情怀和品格高洁、一心为公的精神。奉化区委授予他"优秀共产党员"称号,村里在改建村中心小公园的时候,专门把公园命名为"海定公园",以纪念杨书记为村庄发展所做的贡献,也使这种为民拼搏、不懈奋斗的精神得以传承。

青云村注重规划设计,夯实基础设施,完善配套服务,成功走出了一条古村落保护利用开发的新农村建设路子。下一步,青云村将进一步发挥自身优势,从历史人文村落、旅游接待重地、农业衍生产业三个角度定位,打造以"书乡青云"为主题的全域旅游新模式,计划再用3—5年的时间开展二期改造,坚持游居设施同步完善、村民参与共同受益、统筹考虑分期实施三个原则,从"从树立品牌形象入手,形成特色旅游产品;坚持古村整体改造,丰富现有业态内容;统筹村镇用地,促进旅游体系全面提升"三个阶段入手,重点打造"一条街""一个院""一出戏""一次节""一餐宴""一座园"六大品牌,进一步深挖内涵、讲好故事、盘活资源、招才引智、提升素质、增强自觉,努力建成生活宜居、功能宜居、生态宜居、风景宜居的美丽乡村。

020

奉化区金峨村
党建引领开胜迹　漫山映红新农村

金峨村位于奉化区西坞街道南部,区域面积5平方公里,有耕地930亩、山林2130亩,有农户415户、村民975人,有党员59名。村里以种植花卉苗木和承接绿化工程为主,全村80%以上的村民从事花木产业,产值达到2.5亿元,是奉化区花卉生产专业村,也是宁波市茶花基地和浙江省"农房两改"示范村,并获评全国文明村、全国"一品一村"示范村、浙江省全面小康示范村、浙江省文明村、浙江省森林式村庄、浙江省农村基层党组织先锋工程建设五好村党组织等。

一走进金峨村,人们就会被花园式的村庄环境吸引,满眼是苍翠的绿和鲜艳的红,鸟语花香,景色秀美。然而眼前桃花源般的村庄,10多年前却是另外一副模样,当时村民以种植水稻为主,同时种植些茶叶、杨梅、桃子等农副产品,但因为山瘠地薄,农作物产量一直上不去,村民年收入只有三五百元,算得上是周边最贫困的村子。村庄面貌脏乱差,道路也是破破烂烂的,一下雨脚下都是泥水。

金峨村的经济发展是从种植花卉开始的。虽然靠近山区,泥土贫瘠且

呈酸性,不适宜种粮食,但却适合花卉生长。在外务工的村民学到了花卉种植技术,回来后开始养起了花,收入节节攀高。后来花卉苗木产业在生产的基础上逐渐组建成销售队伍,客户通过电话、网络等方式主动找上门,花卉苗木逐渐成为村庄的优势产业,村民鼓了腰包,也美了家乡。随着规模的逐渐扩大,这一模式还影响到周边的村庄,直到现在,金峨山麓一带方圆20里依旧是西坞街道乃至奉化区比较著名的花木生产专业发展经济带,人们习惯称该区域为"十里花卉走廊"。

金峨村的面貌改变是从新农村建设开始的。随着经济的不断发展,村民生活水平的不断提高,要求改变农村落后的居住条件、加快新农村建设的愿望日益强烈。从2001年开始,金峨村按照村庄建设规划、村庄发展规划,全面实施新农村建设。2009年,破旧的自然村整村迁移,中心村推行集聚建设,同时还加强了环境卫生、绿色生态、生活污水等工作,村子的环境有了实质性的变化。随着"五水共治"和"农村环境卫生百日集中整治"的开展，村里陆续建设了9座山塘水库，并建造了一座生活污水处理设施，同时发动全村党员干部对河道、村道等进行定期的大扫除。积极推进垃圾分类，村民的厨余垃圾可变成田间的有机化肥，而且实现从垃圾回收到处理皆在村里完成，人们切切实实地看到了垃圾分类的成效。到2014年底，新建和拆建住宅229套，并投资3000万元，对村级道路、公共绿化、生态环境、卫生设施等进行了全面的改造和提升。文体、路灯、自来水、生活污水处理等公共设施基本完备，村容村貌整洁优美。金峨村形成了"山上绿色银行、山下别墅成行"的"醉美"风景线。

在实践探索中，金峨村的新农村建设形成了"发展中心村，吸聚自然村"的总体发展思路，规划了西侧工业区、北面生活新区、南面文化休闲区、东边植物园的"三区一园"基本框架。根据规划，村里组织实施了8项工程建设：投资300万元完成文化礼堂建设；投资300万元完成长4.2千米、宽

5米的金峨山绕山公路浇筑;完成樱花林和杜鹃林工程;投资70万元,完成同心廊建设项目;投资60万元,完成自来水塔改造工程;投资45万元,完成金溪农贸市场建设;建成了金峨山山顶杜鹃观赏园、白尖野山竹海体验园、烧烤基地、露营基地、休闲步道、亲水小溪等旅游项目,使其成为游客徒步运动休闲旅游基地。

人间四月芳菲尽,漫山杜鹃始盛开。在百花陆续退场的暮春时节,杜鹃花却绽放于金峨村的漫山遍野,花开似海的杜鹃花令人赏心悦目、心旷神怡,因而金峨村成为游客及摄影爱好者的打卡胜地。山坡上最小的杜鹃花植株只有几厘米高,贴地而生;最大的高达数丈,巍然挺立,蔚为壮观。杜鹃花像红绸舞动、似朝霞燃烧,浓烈繁华。山风吹来,花潮涌动,阵阵淡香沁人心脾。围绕打造"美丽花木、美丽庭院、美丽盆景",金峨村打破一家一户的散种模式,科学规划出可观赏的杜鹃谷、樱花园、茶花林,通过"美丽经济",让苗木经济延伸出更多新的经济业态。开展乡村旅游、乡村漫步、乡村骑行、乡村露营、乡村垂钓等活动,让金峨村成为城里人的第二居所,吸引城里人到乡下找儿时的乡音乡貌乡情乡味,吸引年轻人回乡创业,吸引文化人打造金峨特色乡愁,开发一批乡土美食,让城里人记得住乡愁,看得到情怀。

金峨村的发展变化,与基层党组织的坚强有力紧密相连。10多年来,村领导班子不忘初心,带领村民艰苦奋斗、大胆创新,把一个山穷水直地薄的穷山村打造成为远近闻名的富裕村,让村民们过上了好日子。近年来,村班子又推行"锋领五事诀"行为准则,发挥党建龙头和产业枢纽作用,协同带动周边村庄加快发展。要求全村党员"干好本职事、做好本身边事、管好家庭事、参与公益事、完成组织事",党员干部遵照"干部创业履职承诺",带头参与治水护水、洁美家园等行动,按时参加每月25日的基层组织生活日,并联合开展了"党员齐动手、护卫母亲河"等一批主题党日活动。现如今,金峨村环境美与心灵美同步提升,立村规、讲法制、倡德治,使得村里处处洋溢着文明新风。

在延绵的金峨山下是蜿蜒流淌的金溪,雷山村、蒋家池头村、金峨村、税务场村、余家坝村依次分布在溪边。在有关部门的牵线搭桥下,金溪河畔的5个村结成"金溪五村"区域党建联合体,创建"一带一路"党建品牌,实现抱团发展。在"不调整行政设置、不增加管理层级、不违背各村意愿、不插手具体事务、不改变财务核算"的前提下,纽带的关键一环是"党建"。不到一年的时间,几个村子就搭建了花木电商平台,组团编制了乡村旅游规划,实现了区域阵地资源的统筹使用。眼下他们又将目光投向了绿水青山,计划在身边6公里长的河流中打造金溪漂流项目,把旅游产业继续拉长,写出更多"党建+绿色"的"生态经"。

接下来,金峨村将以建设美丽乡村为契机,打造"四花一树一枫"(其中"四花"指樱花、杜鹃花、茶花、梅花,"一树"指银杏树,"一枫"指红枫)的村庄美景及民居民宿产业。通过打造集旅游、休闲、度假、养生等为一体的生态旅游产业,为村子发展谋求新路子。同时加大民生项目实施力度,进一步推进各项基础设施建设,继续进行旧村改造,改善村民居住环境,实施"金溪五村"区域党建联合体提升计划,带动区域经济不断健康发展。

021

奉化区蒋家池头村
金溪岸边好风光　乡风文明美家园

蒋家池头村位于奉化区西坞街道东南部,区域面积1.5平方公里,有耕地980亩、山林2368亩,有农户323户、人口889人,有党员50名。近年来,该村以"党建强村、德育润村、产业富村、文化兴村、生态美村"为抓手,一年一个样、十五年大变样,把一个原本默默无闻、破败脏乱的小山村,改变成如今欣欣向荣、整洁美丽的新农村,获评浙江省全面小康建设示范村、浙江省3A级景区村庄、浙江省文化示范村、浙江省级五星级民主法治示范村、宁波市文明村、宁波市卫生村、宁波市生态村等。

蒋家池头村处于半山区,村庄被金溪贯穿,山清水秀,环境优美。村里坚持"以农为本、以工强村"的发展战略,在21世纪初抓住花木种植行业兴起的契机,积极引导村民发展花卉苗木产业,全村80%以上的农户从事花卉苗木生产和经营,花木成了村民的"绿色银行"。全村共有茶花、香樟等各类花卉苗木基地2000多亩,花木场、园林绿化公司6家,是西坞"十里花木长廊"的一个重点专业村。与此同时,积极发展村工业经济,通过拆除旧房、整理农民宅基地、利用晒场空地等,建造标准厂房,先后引进了7家企

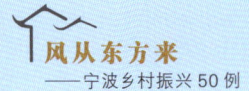

业,既为村集体经济增加了收入,又富裕了一方百姓。

在经济发展的同时,村里积极开展环境整治工作,先后投入2000多万元用于拆除危旧、新造公厕、建造公园、拓宽道路等村庄整治和建设。秉持"绿水青山就是金山银山"的发展理念,围绕"我们的家园"建设,对村域内1.5公里长的金溪两岸进行景观提升。一期工程投资100万元,整治了村边的溪坑,岸边砌石1000平方米,实施绿化、建造凉亭、安装健身器材等。二期工程投资120万元,对金溪下游进行了整治,打造休闲步道、景观长廊、生态停车场等。通过实施"分块管理、网格划分、责任到人"的长效管理机制,村里真正实现了"道路硬化、河道洁化、村庄绿化、环境美化",成为一个村容整洁、花红树绿、碧水环绕、让城里人向往的新农村。

村里把依法治村、民主管理工作纳入重要议事日程,成立了民主法制工作领导小组,制定规划、研究工作、落实措施,有组织、有步骤地进行。制定了村民会议制度、民主评议制度、村务公开制度等多项规章制度和村规民约,在依法治村过程中发挥着既约"官"又约"民"的双向制约作用,形成"家家学村规、户户守纪律"的局面。除开展多种形式的普法教育外,还建立了

一支日防夜巡队伍,坚持长年累月的巡逻工作,白天由4名巡逻员对全村进行循环式巡逻,晚上就由党员承担夜间的巡逻工作,维护了一方平安。加大法治工作宣传力度,利用宣传栏、警示标语及条幅等广为宣传,并打造了法治文化公园,使过去说教式、灌输式的普法方式向文化熏陶、感性共鸣、自觉接受等新方式进行转化,把法治思想、法治观念寓于山石、草木之中,让村民在生活娱乐和休闲中受到法治熏陶,接受法治教育,真正让法治融入老百姓生活,进入老百姓的心里。

实施村民议事制度,把村务决策权、评议权、监督权交给广大群众,凡是涉及村里重大事务,如较大的基础设施、建设项目的确定、工业项目的引进、森林土地租赁承包、村庄建设规划、发展规划报批等基础审议等工作,均提交村民代表大会决议,听取多方面意见和建议。村民议事制度充分尊重群众参政、议政,行使当家做主的权利,强化了村级民主决策、民主管理、民主监督的体系,有效地解决了农村热点难点问题,密切了党群干群关系。

将"文化兴村"作为村庄发展的重要战略,以文化的力量,打造宜居宜住的和美乡村。把发展弘扬先进文化作为切入点,贯穿于新农村建设的全过程,搭建平台,创新载体,先后投入 100 余万元将村大会堂改建成文化礼堂,配置了老年活动室、家宴中心、农耕文化馆、农家书屋等活动场所,同时较好地发挥了党员先锋队、青年生力军、妇女半边天、老年参谋团的作用,在原有慈孝文化的基础上,逐步形成了以党建文化、志愿者文化、文艺队文化、特色民俗文化等为核心的特色文化氛围。连续 15 年举办蒋家池头村"春晚",舞台设备越来越齐全,节目质量越来越高,在村民中的口碑也一年更比一年好。对村民来说,这不仅是一台"春晚",更是一次"家宴",既展示了村民们的自信,也展示了大家对家乡新气象的自豪,活跃了文化,凝聚了人心,潜移默化地提升了村民的精神风貌。

村委会通过征集村民代表和乡友们的意见,结合本村的民风特点,提炼出村训的精髓内容,在口耳相传中,促进民风净化,育好家风,教育和影响当代及未来一代又一代的村民,成为一种割不断的基因传承。村里组建了舞

龙队、腰鼓队和志愿服务队等,经常性地开展各类文化礼仪活动,村民们踊跃参与,并在上级组织的比赛中取得了优异的成绩。当地特色提炼创作的蒋家池头村村歌,在村民中口口相传,不仅丰富了村民的精神文化生活,也提升了村民加快建设美丽乡村的干劲。

近年来,蒋家池头村积极推动各项事业发展,全村风气健康向上,经济建设稳步推进,村民收入和生活水平逐年提高。该村创新实行"1+7"结对模式,即1名党员结对7户家庭,分组分片推进垃圾分类、矛盾纠纷排解、环境整治、基础设施建设和维护提升等工作,通过这种模式,这些工作已基本实现"人人参与、整村覆盖"。同时该村充分发挥志愿者的力量,不定期组织开展清洁打扫活动,安排专人负责每日回收厨余垃圾,推进垃圾回收积分兑换制度,让村庄环境保持干净整洁。老年食堂每天为村里75岁以上的老人提供午餐和晚餐,其中90岁以上的老人每人每餐收费3元,75—90岁(包括90岁)的老人每人每餐收费4元。老年食堂的运营由村里的75位妇女

——宁波乡村振兴50例

志愿者负责,采用轮班制,每天两人,同时志愿者还为行动不便的老人提供送餐到家的服务。

随着花木售卖行业的日渐萧条,以售卖花木为主要收入来源的蒋家池头村大力谋发展,开发旅游资源。该村将抓住省道建设契机,合理改造提升村口景观,全面提升村庄总体风貌,把蒋家池头村打造成"一步一景、一景一文化"的和美家园。接下来,结合本村旅游资源和特色,动员全村参与到旅游业的开发中来,用风景富村富民。目前,该村正全力发展村集体项目,慈孝公园、水车景观等旅游景观和设施已经建成,"绿水青山"正在成为村民增收致富的"金山银山"。

022

奉化区后畈村

千年古村换新颜　缸瓦艺术添新彩

后畈村位于奉化区大堰镇,区域面积 1.66 平方公里,有耕地 769 亩、山林 2718 亩,有农户 219 户、户籍人口 700 多人、外来打工和租住人员 400 余人,有党员 31 名。村庄位于镇区的入口,是大堰镇的"门面"。近年来因为缸瓦艺术而走红,成为小有名气的"网红村",各种缸瓦艺术小品成了村里一道亮丽的风景线,带动了本村文旅产业的兴起,也带来了村庄新一轮的快速发展,获评浙江省文明村、宁波市先进基层党组织、宁波市生态村、宁波市绿化示范村等。

这是一个古老的村庄,已经有上千年的建村史,历史悠久、文化深厚、自然景观优美。但由于地处大山深处,交通不便,信息闭塞,贫困问题一直困扰着这个小山村。改革开放后,村民靠着勤劳的双手,起早摸黑,硬是在山区贫瘠的土地上创造了单产 800 斤粮食的好收成,过上了温饱的日子,也跨入先进村的行列。但是随后由于种种原因,村庄不但没有大的发展,还渐渐落后于周边村庄,集体经济薄弱,环境脏乱差,年轻人纷纷外出打工,村庄日益萧条,留守的村民觉得没有盼头,对村里的事务也是不管不问。

2008年,新一届村领导班子确定了追赶的目标,制定了发展的规划,一步步向前发展。慢慢地,村庄有了起色,特别是近些年,乘着新农村建设的东风,以环境综合整治和乡村旅游发展为契机,在上级的大力支持下,党员干部带头行动,积极整治村庄环境卫生,推进村容村貌建设。村里沿街房屋的外立面改造、特色弄堂铺设、拆除村内简易厕所拆建等等这些涉及家家户户的琐事、烦事,党员干部们及时沟通,他们既是调解村民和工程队的"老娘舅",又是忙前忙后的"勤杂员"。村里有20多株百年古树,每株都由一名党员认领,他们负责平常的维护和病虫害的防治,在各位党员的打理下,这片苍翠的树林给村里带来了极好的庇护。

党员干部齐心,村民看在眼里。村庄整治刚开始的时候,施工中也出现过闹心的事儿,从而引发一些村民"泼冷水",但看到村干部忙碌的身影和家门口面貌发生的变化,他们纷纷出力出物支持,有的把家里珍藏的木雕作品和"老古董"借给或捐出给农创馆,有的敞开院门让村民和游客到自家观赏盆景。在后畈村,整治村庄、保护生态、发展产业、开展文化活动等工作由村党支部把握方向,村委会提出工作意见和建议,最终由村民代表大会审定,带动了村民对村庄建设和管理的热忱,大家齐心协力想办法、办好事。大家都说,这两年,后畈村有了精气神。

后畈村成为"网红村",源自村里的缸瓦艺术,因此该村现在也被称为"缸瓦艺术村"。后畈村于2013年开始推进美丽乡村建设,2016年又开始了农村环境卫生集中整治工作。在危房拆除、村庄整治、打扫卫生的过程中,清理出大量的破缸罐和旧砖瓦等,以往都是作为废弃物处理掉了,既费时费力又费钱。村里几位能工巧匠商量后提出建议,可以废物利用,做成缸瓦艺术品,点缀在村里,既废物利用,又美化村庄。村里采纳了他们的意见,让他们试着做了几件,果然惹人喜爱。后一发不可收,在几位泥瓦匠的努力下,用废旧缸罐、酒坛、砖瓦等创作而成的"老牛耕地""大小南瓜""鹤鹿回春"等几件缸瓦作品,既接地气又很精美,特别是与村里的老房子结合在一起,既有古朴的山村气息,又有清新的艺术气息,成为引人瞩目的亮丽景观。

2017年,村里因此确立了打造缸瓦艺术村的新目标,组建了专门的团

队,努力筹集资金,先后打造了破旧缸片组成的缸瓦艺术村的背景墙,还有以破旧缸瓦为原料做的主题为"八宝葫芦"景观等。村里的缸瓦作品越来越多,富有乡韵特色的作品吸引了越来越多的游客前来观赏。一不做二不休,村里抓住机遇,把缸瓦艺术与村庄整治的整体环境面貌提升相结合,在村口、路旁、湖边、房角都点缀了缸瓦艺术小品,还建了以缸瓦艺术小品为主要内容的小水池、小广场、小花园等等,一个古朴典雅的缸瓦艺术村,就展现在了人们的眼前。来观赏的游客都感到惊奇,称赞村庄特别漂亮。目前,村里又新增了"司马光砸缸""把欢喜带回家"等缸瓦作品,都是村民自己设计制作的,进一步丰富了缸瓦艺术的内容。

村里环境卫生搞好了,缸瓦艺术村也变得小有名气,游客也越来越多,村里抓住契机,搭上乡村旅游发展的顺风车,积极动员组织村民开办农产品销售点,把家里的土特产品拿出来卖,如番薯粉丝、笋干、麻糍、米鸭蛋等,一时间受到游客的欢迎,也增加了村民的收入。目前,村里已计划推出7项家庭式、作坊式本土美食体验点和销售点,逢双休为游客设"村宴",并将面向全镇征集优质农特产品,帮助边远村庄的村民销售,让农产品销售点更加红红火火。

2014年,在党员干部、村民代表和新乡贤共同商议的基础上,村里对村规民约进行了修订,并通过墙绘等形式广为宣传,点燃了广大村民参与自治的热情,大家纷纷参与村庄的发展和治理,为村里献计献策。如村里要建文化礼堂,原打算用80万元购买一处房屋改建,但民主讨论时半数村民代表认为,这样做还不如在村集体的宅基地上建更大的文化礼堂,既可以给村里用,又可以满足游客用餐和文娱的需求。村里采纳了这个意见,积极向上级争取资金130万元,新建的文化礼堂面积比预想的大了一倍,设施也更齐全,并且在文化礼堂功能的基础上,又增设了新时代文明实践站的功能,发

挥了更大的作用。每个周末,村里都在文化礼堂举办"游乡村 尝家宴"文化系列活动,不仅丰富了村民的精神文化生活,也吸引了更多的外来游客参加。同时,文化礼堂还开设了乡村创意集市,把家家户户自己做的农特产品放到农创馆展销,进一步集聚了人气,增强了浓郁的乡村旅游氛围。

这几年村民把村里的环境看得和自家院子一样重要,主动为游客服务的也多起来,开创了"靠山吃山护林子,养鱼活水一辈子,家家户户扫院子,干群团结兴村子"的良好局面。接下来,村里打算进一步加大力度,提升村庄的环境质量,扩大缸瓦艺术村的宣传力度,同时,村里正在引进民宿产业,加快文旅产业发展步伐,吸引更多的人来品尝山里的农特产品,观赏形态各异的缸瓦艺术,体验山村的古朴民风。

023

奉化区黄贤村
文化古村新风貌　海韵渔歌绘画卷

黄贤村位于奉化区裘村镇西南面,区域面积9.5平方公里,有耕地580亩、山林5700亩,有农户508户、户籍人口1328人、外来人口800余人,有党员71名。黄贤村是一个历史悠久的文化古村,也是一个富裕和谐的文明新村。早在1984年就被评为奉化的文明村。几十年来,各项事业持续稳定发展,获评中国绿色村庄、全国绿化千佳村、浙江省全面建设小康示范村、浙江省文明村、浙江省民主法治村、宁波市最洁美村庄等。

黄贤村三面青山环绕,一面对着港湾,可以说是一个典型的背靠青山、面朝大海的村子。据记载,该村已有2000多年的历史,相传"商山四皓"之一的夏黄公在此隐居,村名即由此而来。北宋诗人林逋出生于黄贤,在此度过了快乐的时光,留下许多生动的故事。村子以农为业、耕读传家,民风古朴淳正,文化底蕴深厚。但令人难以想象的是,黄贤村也曾是一个与外界隔绝的贫穷山村,村子与外界没有往来的路,村民出门走的是田塍,小孩子需被大人挑在担子上出来。民间有一句话,叫"有女不嫁黄贤人",本村人娶不到老婆,只能娶外地人。黄贤村成了一个被遗忘的角落。

20世纪70年代,新一届村领导班子在村里发起了"如何改变落后面貌"的大讨论,确定了"靠山吃山"的原则和"以农养副、以副促农、以工补农"的发展方针,在大力发展农副产业的同时,大胆探索乡村企业的发展路径,从20世纪70年代的企业初创到80年代的发展壮大,从90年代的工业兴村到21世纪初的工业鼎盛,黄贤人走出了一条强村富民的成功路子。

在工业发展繁荣,村民生活水平提高的同时,黄贤村人的眼界也提高了,视野开阔了,逐渐看到了一些生态环境的问题,绿色生态的理念开始在村民心中生根发芽。黄贤村虽然坐拥万亩山林,二十世纪五六十年代却损毁严重,多数已衰败为薪炭林和荒山。1972年,村里决定全面封山育林,并做出了"山林权属收归集体"的决定,除了1000多亩经济林由村民承包外,其余都归集体养护,统筹发展和利用。村里制定了一系列封山育林的措施和规定,并组成了一支专职的山林管理队伍。从那时开始,每年一过正月十五,黄贤村就会出现持续半个月的集体种树场面,生产队乃至每家每户都会相应领到种树数量的"硬指标"。为了确保存活率,村里还实行了分树到户,并挂上"责任牌",保证自家种的树木必须要成活。这就是黄贤村独创的"不分山林、分树到户"制度,用种树和养山代替砍树和毁林,换来了今日黄贤村的万亩绿林和千亩果园。至今许多村民仍能在村口众多的大树中指认出,哪几棵是自家种的树。

跨进21世纪,以粗放经济为主导的工业发展进入了瓶颈期。黄贤村打破现有的发展格局,创造性地提出了"开发森林公园、走旅游兴村之路"的新思路,走上了一条完全不同于以往的发展道路:以村级为单位开发森林公园。这在浙江省内尚属首例,其独特之处在于,村子就是森林公园,森林公园就是村子。2004年9月,黄贤村被浙江省林业厅正式命名为奉化黄贤森林公园,从此黄贤森林公园各项目提上了日程。在上级和有关部门的大力支持下,黄贤村凭借内力自行投资,巧用外力招商引资,自开发建设以来,累计投入1亿多元,先后建成了游客接待中心、黄贤宾馆、生态停车场、农家海鲜酒店、土楼海景酒店等设施。共修建了林逋广场、商山景区、明珠湖景区、海上长城等四大板块20多个景点。黄贤森林公园景区于2005年10月1日开始对外试营业,采取内部景点建设和对外旅游市场营销同步进行的模式,走上了边开发建设边接待游客的良性循环之路。至

2009年,景区指示牌、旅游线路牌、交通设施、生态厕所等基础设施逐步完善,观赏内容不断丰富充实,服务水平进一步提高,黄贤村的绿水青山开始发挥其宝贵的价值。

如今黄贤森林公园古树葱茏,溪水淙淙,规模宏大的商山飞瀑、气势宏伟的抗倭长城、青碧灵秀的明珠湖泊,构成了一幅立体的景观画卷。林逋广场、东祠庙、东元塔、清河门、肖孙阁、蟠龙寺、飞云潭、海上长城等景点掩映在林海之中。"疏影横斜水清浅,暗香浮动月黄昏",林逋早已用优美的诗句,让黄贤的美弥漫在月光下,荡漾在绿意里。整个村子宛若镶嵌在群山中的一颗璀璨明珠,展示了以夏黄公等"商山四皓"为代表的秦汉智者文化、以"梅妻鹤子"林逋为代表的宋代隐士文化、以戚继光抗倭为代表的明代反侵略战争文化等中国传统文化内容,得到了海内外游客的高度赞誉,是浙东新一代旅游景区中最具魅力的景点之一。

在发展工农业生产特别是文旅产业的同时,黄贤村十分注重保护生态、美化环境。这些年村里有规划地逐年在村庄周围、河边路旁、房前屋后种上了1300余株水杉、香樟等树木;在村里的主要通道建起花坛,种上各种花卉;在农田的机耕路和田埂上,种植了7600多株水杉;在鱼塘边种上苹果、葡萄等果树,使整个村子花木葱翠、空气清新。随着集体经济的壮大和村民收入的增加,村里按规划对旧村进行了改造,实现了户户住新房。

黄贤村的发展也带动了文化的提升。2018年,黄贤村文化礼堂获评浙江省五星级农村文化礼堂,能容纳600余人,舞台、灯光等设施齐全的梅鹤剧院,另设有农家书屋、亲子阅览室、阳光学堂等硬件设施。此外,结合景区村庄创建,积极整合林遽广场、农耕馆等旅游资源,打造梅鹤巷、竹马巷、牧歌巷等主题文化弄堂,改善梅鹤剧院内部设施和改造外立面。梅鹤剧院已连续15年举办"黄贤人自己的春晚",成为黄贤人津津乐道的文化品牌。

（照片由裘村镇提供）

更为重要的是，黄贤村的发展让村民受益颇多，黄贤村一直延续对村民儿女读书的奖励，在各个学习阶段，都会对学习优秀的学子给予奖励。随着村庄集体经济的壮大，村民受到更多的福利，村里给满60岁的老人购买养老保险，符合条件的青年分取农居房。

如今的黄贤村，传承着古朴与精致，彰显着现代与时尚。接下去将进一步提升旅游整体品质，优化各项资源配置，统筹景区内外建设，打造旅游特色亮点，提升黄贤森林公园的运营水平，加快黄贤海景高端民宿建设，全力配合打造"海韵渔歌"文明示范线，深入推进"滨海红色之旅，重走长征路"区块的建设，努力提升村庄整体发展水平，拉高建设标杆，扩大对外宣传，做好"旅游+"文章，提升旅游整体品质，打造一个系统化、高水平的旅游村庄。

024

奉化区马头村
水墨码头新景象 古村艺术增魅力

马头村位于奉化区裘村镇东南边,区域面积10.5平方公里,有耕地2300亩、山林13500亩,有农户777户、户籍人口2049人、外来人口200多人,有党员104名。近年来,马头村以古宅保护开发利用为抓手,全力推进"水墨马头"建设,村庄发展快速推进,环境面貌大为改观,获评浙江省3A级景区村庄、浙江省美丽宜居示范村、浙江省休闲旅游示范村、浙江省古村落保护发展重点村、浙江省农房改造示范村、浙江省新农村建设明星村、宁波市全面小康村、宁波市历史文化名村、宁波市十大魅力乡村等。

马头村历史悠久,建村已有1100多年。原先村子叫"鸡鹓",是当地一种水鸟的名称。因村东头有山形如马头入海,故得名马头山,村庄也改名为马头村,寓有万马奔腾之意。村子三面环山、一面朝海,两边各有一条清澈的山溪,环境优美、景色宜人。村里的土地大多是围海造田而来,原来以渔业为主,现多为种、养殖业,物产丰富、特色鲜明。现有12家企业,为村里带来很好的经济收入,因此没有大拆大建,村子既保留了原有的风貌,又保持着古老淳朴的民风。外界知道马头村的人并不多,游客也较少。这样一派

安宁祥和的景象,也是马头村最为迷人的地方。

马头村历史遗存众多,至今仍保留着清朝中期至中华民国时期的古建筑群约4.5万平方米,有42个保存较好的单门独院古宅和四合院门进。这些古建筑基本上采用传统的硬山顶双重屋檐,山墙与屋柱相连提高牢固度,且防风防震。每个院落都建有高大的门头,飞檐翘角,砖瓦镂空,雕塑有花草图案,虽经岁月沧桑,但仍透出端庄古朴之美。每个院门都有青砖、小瓦、马头墙,门窗都有不同木雕花饰。前后屋檐形成沿廊和檐下走道,即使在下雨天也无淋雨湿邪之忧。天井散落在房屋四周,因此屋前屋后都有空间,十分适宜人居。

马头村虽水系纵横,然而因民居多建在较为高燥之处,村民主要以古井为生活饮用水源。为了解决消防和储备用水问题,当年村里乡绅名贤纷纷发动村民择地挖凿池潭,前前后后在村里挖凿了10来个池潭。2008年,村里对这些旧池潭进行改造并将水库的清洁活水注入更换,使池潭水更加清澈洁净。现如今,这些池潭就像一颗颗晶莹的珍珠散落在村子里,闪闪发光、熠熠生辉。

随着时光的推移,村里的房屋建筑很多因年久失修,已是断瓦颓垣。从

2013年起，马头村把古宅保护作为立村之本，坚持"保护为主、抢救第一、合理利用、加强管理"的方针，并制定了古村修复规划，力求"修旧如旧"，对濒临倒塌的古建筑进行保护性修缮，由此开启了古村的"蝶变之旅"。目前，马头村保护修缮工作已投入资金约2500万元，修复完成3万平方米，仍有1.5万平方米亟待修复。

与此同时，结合新农村建设，马头村全力开展环境卫生整治。在做好常规保洁外，坚持开展党员周五义务劳动，将全村104名党员分成10组，每周五轮流参加环境卫生整治。2018年底，村里开始实施垃圾分类，采取"村干部分片包干、党员联系到户"的方式，每名党员联系5—10户村民，对所联系农户进行手把手的指导督促，促使联系户做到精准分类，形成自觉分类的"群体效应"。为提升村庄整体环境水平，村里完善了相应的配套设施，实施了生活污水改造工程，建造了4座休闲公园，改建了5个公厕，对核心

区的电力、电信和广电线路进行地埋改造、扩容及更新,彻底改变了村内线多杂乱的状况。建成村游客接待中心,新建4个停车场,改宽改直村口道路,提升村庄景观,新增绿化面积5000平方米,种植荷花、桂花、低矮灌木等,在不破坏古村落原貌的基础上,改善居民生活环境,美化了马头村历史文化名村的整体形象。

马头村人杰地灵,崇尚教育。据不完全统计,村里出了教授、专家、博士、高级工程师等40多位,被誉为"教授村";还有教师100多位,因此又被称为"教师村"。马头村还是一个"英雄村",先祖在元朝时剿除海匪,明朝时抗击倭寇,都留下感人的传说。以文化礼堂为中心,以历史文化为载体,村里组织开展了丰富多彩的文化活动,满足村民的精神文化需求。依托阳光学堂及农家书屋,定期组织开展各类知识讲座、技能培训以及思想理论、形势政策等宣讲活动。连续10多年开办暑期假日学校,让孩子们更好地了解本村的历史,传播弘扬优秀传统文化。利用传统节假日,组织开展迎新晚会、年俗文化节等民俗文化活动。2019年初,成功举办了马头村过大年活动,邀请百余位外籍人士和本村村民一同感受传统佳节的氛围。

在新时代文明实践上,注重提升村民文化涵养,推动文明乡风建设,围绕修身养性、齐家治国、孝文化等内容,邀请"五老宣讲团"开展宣讲,用故事化、生活化的方式教导爱国、孝道和文明礼仪,用圣贤智慧帮助村民群众获得精神信仰,让村民真正感受到传统文化的精髓。在开展主题活动上,以新时代中国特色社会主义思想大讲堂、家风家训教育课、"文明家庭"评选、"示范党员评比"等作为载体,通过"传所缺、习所需、教所好"的方式,打造有趣、有用、有效的文明实践形式,让实践活动更接地气。

随着"海韵渔歌"文明示范线的打造,这个古朴宁静的村庄迎来了新的生机。马头村在发展全域旅游中始终做好"旅游+"这篇文章,以古村保护和开发为基础,依托阳光海外旅游度假区建设的平台,以"水墨马头"为品

牌,推动艺术与古村的互动融合,探索出了一条古村艺术化的新路径。通过在古村落核心保护区域打造历史文化陈列馆、乡贤名人馆、酒坊民俗活动体验馆、红色教育展示馆等方式,将文创、旅游、教育、商业与马头古村发展相结合。不少电影的拍摄组前来马头村取景拍摄;中国美术学院的师生也不定期在马头村开展美丽乡村写生。村里举办了中国美术学院师生暑期作品展及"水墨马头、意趣沧桑"当代水墨作品系列展活动,吸引了一批艺术家入驻马头村。随着摄影之家、晓庄摄影馆、牧人文化工作室、众观设计等一批工作室相继诞生,文化产业助推发展,艺术和村落的粘合让古村重新绽放光彩。

现在的马头村,优美的自然环境与斑驳的旧民居构成一幅美丽的江南水墨画卷。接下来,村里将深入挖掘文化底蕴,开发旅游资源,将马头村打造成一个融汇古今、内涵丰富、气质典雅的魅力乡村和集观光、休闲为一体的滨海乡村文化旅游景区。

025

余姚市横坎头村

牢记嘱托奋勇争先　着力打造老区样板

横坎头村位于余姚四明山革命老区梁弄镇,由 6 个村合并而成,区域面积 7.3 平方公里,有耕地 1003 亩、山林 5985 亩,有农户 871 户、人口 2473 人,村党委下设 6 个党支部,有党员 165 名。抗日战争时期,浙东抗日根据地的党、政等核心机构都设在横坎头村,享有"浙东红村"的美誉。

横坎头村曾是个贫穷的小山村,有人形容为"山大石头多,出门就上坡"。直到改革开放后,才解决了吃饭问题,还办起了乡镇企业,有了新的变化。但之后受各种因素制约,难以有更大的发展。到 21 世纪初,村里还没有通自来水,进村的道路"晴天一身灰,雨天一脚泥",村民收入微薄,集体经济更是一片空白,一直被列为贫困老区。2003 年春节前夕,时任浙江省委书记习近平同志到梁弄镇、到横坎头村考察调研,提出了建设"全国革命老区全面奔小康样板镇"的殷切期望,鼓励大家加快老区开发建设,尽快脱贫致富奔小康。十多年来,横坎头村党员和干部群众始终牢记习近平同志的嘱托,弘扬老区精神,传承红色基因,奋力推动各项事业快速发展,村庄面貌发生了巨大的变化。2018 年 2 月 10 日,横坎头村全体党员给习近平总

书记写了一封信,分享发展成果和刚刚荣获"全国文明村"称号的好消息。2月28日,习近平总书记给横坎头村全体党员回信,勉励他们同乡亲们一道,再接再厉、苦干实干,努力建设富裕、文明、宜居的美丽乡村。两年多来,横坎头村的党员和全村乡亲们一道,依照习近平总书记指引的方向,持续深入开展"学回信、强引领、创样板"活动,全面推进各项工作,取得了可喜成绩。2020年,横坎头村集体经济收入1020万元、村民人均可支配收入40228元,相比上一年分别增长37.8%和11%,成为远近闻名的党建示范村、全国文明村、省级全面小康村。

漫步横坎头村,浙东区党委、浙东行政公署、浙东抗日军政干校、浙东报社等红色旧址坐落其中。作为全国19块抗日根据地之一,村民们都知道这段历史,但从没把历史跟发展机遇联系在一起。2003年,习近平同志从浙东抗日根据地纪念馆出来后说:"要充分发挥当地优势,提高自身'造血'功能。"一语点醒梦中人,从那时开始,横坎头村以红色旅游为主打名片,大力发展红色旅游,通过修缮红色旧址、新建游客中心、建设配套设施、开展红色主题教育等,不断发展壮大红色旅游产业。村里实施了党建全域亮显工程,串联浙东(四明山)抗日根据地旧址群、新时代文明实践站、红色主题公园、党群服务中心等多个红色元素,打造红村"初心之旅"精品线路。聚焦"弘扬红村文化、建设文明新村"目标,大力培育红色村风、文明乡风、良好家风。同时组织作家创作了一批红色文艺作品,组建了"红色宣讲团",开办全国首个"红色电台",广泛传播红色文化;建立红色村史馆,举办"红村文化艺术节",开展"最美红村人"评选,积极传播文明正能量。经过十几年的发展,浙东(四明山)抗日根据地旧址已创建为国家4A级旅游景区、全国重点文物保护单位、全国红色旅游经典景区、全国爱国主义教育基地、国家国防教育示范基地等,曾经名不见经传的小山村,如今年吸引来自全国各地的游客70万人次以上。

独特的地理位置和良好的生态环境,为横坎头村绿色生态产业发展提供了良好的发展机遇。经过农业科学专家认证,这里土壤条件特别适合种樱桃。2003年,村里顶着很大的压力,集体流转了70多亩土地,创建了梁弄镇首个樱桃种植基地,经过三年培育,终于迎来樱桃大丰收,亩产值从原来种水稻的几百元猛增到万元以上,种植经验迅速在全镇推广。看到实实在在的好处后,村民们纷纷种起樱桃,如今这里几乎是红果遍野。在樱桃产业摸索成功的基础上,村里还因地制宜引入蓝莓、猕猴桃、桑葚等特色水果,让全村特色产业朝着多元化方向发展。目前全村樱桃、茶叶、杨梅、猕猴桃、蓝莓等绿色产业种植面积共1000多亩,果树种植率已达90%以上,村内有休闲农业观光采摘基地10余个,培育家庭农场20余家,每年观光农业旅游收入超过1000万元,有效地加快了群众增收致富的步伐。

村里人看惯了的"绿水青山",如今成了"金山银山"。2003年,横坎头村有了第一家农家乐,开启了全村文旅融合发展的新业态。农家乐的春天出现在2008年,那年恰逢樱桃大丰收,借着网络的翅膀,横坎头村成了城里人周末度假、休闲旅游、田园采摘的好去处,去农家乐吃地道农家菜成了城里人的一种时尚。村里抓住时机,通过"资本先行、特色引导、规模经营、产业融合"等途径,引进了精品民宿,建成了乡村旅游综合体、横坎头农家乐、红村大糕等一批旅游服务设施和产品,促进了餐饮、住宿、土特产销售等相关产业的发展。同时大力发展旅游度假、创意研发、会议培训、影视拍摄等服务产业,不断厚植"红色文化"内涵,开辟美丽乡村与红色旅游相结合的路线,有效提升了横坎头村旅游档次,前来体验红色文化、感受绿色生态的游客越来越多,形成了经济发展的良性循环。

治理有效,是乡村振兴的固本之策。十多年来,横坎头村坚持党建引领、"三治"融合,积极打造充满活力、和谐有序的善治乡村。深入实施"头雁工程",推进"前哨支部"标准化、规范化建设,创新"红星"志愿、"联六包六"等服务模式,开展"红耀梁弄"系列活动,严格推行"红锋亮绩"党员积

分管理制度,切实提升村党委战斗堡垒作用。村党委建立了村干部"联片包组帮户"制度,每位村干部联系1个自然村,承包1个村民小组,结对6户农户。全面落实"村民说事"和"五民主三公开"制度,坚持"大家的事大家提、大家的事大家议、大家的事大家办",始终与群众同坐一条小板凳,让群众将心里的想法、工作生活中的困难、对村里的意见建议等一件一件地说出来。创新推行"网格化管理""主动式服务"模式,常态化开展矛盾纠纷摸排调处,组建"六位一体"红村综治调解室和"老区法庭",引导和支持群众运用法律手段、通过合法途径表达诉求。制订村规民约,健全村级小微权力清单,实施"四屏联动"阳光监管工程,使村民对村务公开的满意率保持在95%以上。

如今的横坎头村,清澈的溪水环绕,山坡上的树木苍翠欲滴,错落有致的农房白墙黛瓦,浙东抗日根据地旧址庄严静谧,吸引了一批批远道而来的客人。让人感触最深的是横坎头村随处可见的那一抹红,鲜艳明媚,生机勃勃、鼓舞人心。眼下,田园综合体项目正在有序推进,一个个重大农旅产业纷纷落户,小小山村日新月异。横坎头村将继续贯彻落实习近平总书记的回信精神,按照"一年出形象、两年上水平、三年树样板"的要求,大力发扬艰苦奋斗、自力更生的老区精神,强化红色党建引领,用好绿色资源优势,发展特色产业经济,做大做强红色旅游,不断壮大村级集体经济,培育弘扬良好乡风,努力实现打造革命老区全面奔小康样板村、乡村振兴样板村、新时代党建样板村的目标。

026

余姚市邵家丘村
道德立村谱新曲　文明花开满园春

邵家丘村位于余姚市临山镇,由3个自然村组成,区域面积4平方公里,有耕地2555亩,有农户793户、常住人口2590人、外来人口340人,有党员157名。近年来,邵家丘村以文明村创建为载体,坚持物质文明和精神文明同步推进,经济和社会各项事业发展取得长足的进步,获评全国文明村、浙江省卫生村、浙江省绿化示范村、宁波市全面小康建设示范村、宁波市生态村等。

邵家丘村曾经因集体经济欠债多、上访户多、村民矛盾多的问题,而成为远近闻名的"烂摊子村"。2005年,新一届村领导班子上任后,即提出了"道德立村"的发展理念,坚持以党建为引领,以自治、法治、德治为导向,以满足群众合理诉求为总纲,逐步形成以"微公开、微网格、微积分"为主要内容的基层治理"三微"工作法,使村庄治理细致入微、微中见大,实现了从"落后村"到"先进村"的巨大变化,连续多年无重大刑事案件、群体性事件、安全生产事故等发生,成为远近闻名的富裕村、和谐村。

如今的富裕和谐离不开"道德银行"的试点建设。2012年,邵家丘村

创新推出"道德积分"制度,为村里所有家庭建立"道德积分"档案,列出"遵纪守法行为文明""热心公益支持发展"等4大项15条规则,并同步推出微信小程序将档案电子化,通过执行小组、领导小组评定和村民自评等方式进行道德评定,评分高的家庭可以获得银行免担保贷款、利率下浮和商家购物折扣等优惠和奖励措施。截至目前,已有162家农户通过"道德积分"制度获得贷款1032万元,全部用在了发展生产上,无一例逾期还款、违约事件发生。

几年来的实践充分证明,"道德积分"倡导让"有德者得",传递了强大的正能量,村民崇德尚贤、尊老爱幼,"做好人、讲道德"蔚然成风,"道德立村"的发展理念已渗透到每位村民的心中。以此为引领,乡风文明的种子在村民心中生根发芽,绽放出绚丽之花,村里各项事业蒸蒸日上,不但让老百姓的口袋鼓了起来,也让老百姓的心拧成了一股绳。

为进一步培育文明"细胞",邵家丘村建立了"道德馆",馆内设有村史村情、乡风文明、崇德尚贤、美好家园等板块,重点开展好人好事、凡人善举等主题宣传展示,累计参观人数已有上万人次。以"道德积分"为主要依据,每年评选"十佳党员""十佳文明户"等10个"十佳"典型,让身边典型感染人、教育人。通过设立"党员服务驿站"、党建墙,打造"观德亭""好人长廊""道德林"等,营造良好的道德教育氛围。发动全体村民参与家风家训挂牌活动,由每户村民自己确定自家的家风家训,然后统一书写制作,将匾牌挂在家里的厅堂中,以家风文明推动乡风文明,让文明之花开遍每个角落。

实施"美丽庭院"建设活动,以美丽的一家一户扮靓整个村庄。先由村干部和网格长上门对全村所有农户的庭院进行拍照存档,指出存在的问题,要求限期整改。然后进行"美丽庭院"评比,评出三星级、四星级、五星级"美

丽庭院",并将"美丽庭院"的牌子挂在该家门口,引领村民共建美丽家园。目前,全村星级"美丽庭院"户已占村民总户数的95%以上。同时,累计动员600余人次,参与以破旧小屋及旱厕拆除、违建钢棚清理等为主要任务的提升人居环境专项行动,村庄环境大为改观。

作为生活垃圾分类工作试点村,在开展垃圾分类行动中,村里取消了原来每户家庭门前摆一个垃圾桶的做法,改为设置垃圾集中投放点,安放分类垃圾桶,每天统一清运。发动党员、企业家、村民代表进村入户,向村民分发垃圾分类宣传资料,并落实村党员、干部、网格长等60余人,每人负责两个投放点的监督管理,每天进行一次巡查,确保垃圾不乱扔、分类更规范。确定每年12月23日为"村民家园日",村里以网格为单位,每户出一人参加义务劳动,鼓励村民自觉参与志愿服务、维护环境卫生。

为了让村庄的整体形象得到进一步提升,村里委托专业设计单位编制了村庄核心区环境提升设计方案,打造"一轴一环三区三带"的总体空间结构,即党建引领总轴,村庄景观精品环线,农业园区、工业园区、美丽田园区,三条滨河景观带,对村庄入口、党建广场、基层治理公园、家园广场、田园广场、村民说事广场、创业展示中心等进行精心设计和建设,把整个村庄打造成为风景优美、功能齐全、宜居宜业宜游的景区村庄,不断提升村民的生活

品质,增强群众的获得感和幸福感。

为杜绝农村小微权力"任性"运行,该村探索实施了村级事务民主协商机制,通过"议什么、谁来议、怎么议、议得怎样"4个步骤,形成了"村民的事情由村民说了算"的局面。村干部、网格长入户走访,发放村民需求调查表,广泛收集与村庄发展相关的各类议题。召开美丽乡村共建参议会、网格长会议、户长会议、村民代表会议、党员大会、妇女代表大会等,不同的议题由不同的人来议,切实强化对小微权力的监督。完善议事工作方法,规范议事流程,每个事项都要经过提出议题、公示公告、组织协商、审议表决、反馈公示、组织实施等6个环节,有效避免了"微腐败"的发生。

在党员联户结对的基础上,村里创新推出"微网格"治理模式,将全村农户划分为30个微网格,并通过网格内村民自发投票,选出威信最高的代表义务担任微网格长,对网格内环境整治、邻里纠纷等村民的大事小情收集调解,有突发事件第一时间上报。村里还利用微信平台,组建了30个微信群,设置了"我有话说""村情大家谈"等栏目,引导村民积极参与村级事务管理、评议党员干部,提高村民参与决策、参与监督的热情,实现服务群众"零距离",最终达到"小事不出网格、难事不出村"。

通过创新村级管理机制、打造道德教化阵地等方式,大力推进"三治"融合,形成了人人讲道德、人人遵道德的良好局面。像拆除违章建筑这样难啃的"硬骨头",不但没有让村干部碰"钉子",反而形成了人人参与的好局面。经过村庄的环境整治提升工作,违章建筑拆除了,村庄道路宽敞了,公园绿化美了,村庄面貌焕然一新。

如今的邵家丘村,村容村貌整洁有序,村民和谐向善,基层治理走上了良性发展道路。下一步,邵家丘村将深化"道德银行"建设,提升文明创建水平。同时,进一步用公开促公平,用公平倒逼法治,让村情村务走到村民的手机里、眼皮下,用真心换得民心,努力实现"村美民富产业兴"的目标。

027

余姚市小路下村

文明和谐促发展　强村富民谋新篇

小路下村位于余姚市泗门镇，区域面积 2.56 平方公里，有耕地 2500 亩，有农户 1175 户、户籍人口 3550 人、外来人口 3894 人，有党员 201 名。这是一个经济发达的富裕村，也是首批全国文明村。全村社会总产值 97.46 亿元，村级集体经济收入 768 万元，村民人均年收入 56364 元。发达的工业经济、深厚的文化内涵、开放的视野、优美的环境、和谐的氛围，使小路下村走在了时代的前列。获评全国绿化千佳村、浙江省全面小康建设示范村、浙江省卫生村、浙江省绿化示范村、浙江省新农村建设示范村、浙江省先进基层党组织等。

小路下村的历史并不长，100 多年前，这里还是一片荒凉的海滩，当时有逃荒的人来到这里，以捕鱼、晒盐为生，久而久之走出了一条通往大海的小路，村庄故而得名"小路下"。这是一个曾经出了名的贫困村。直到 20 世纪 70 年代末，大多数村民住的还是简陋的茅草房，是光棍多、倒挂户多、嫁出去多的"三多"村。改革开放的大潮，推动小路下村走上了工业强村富民的道路。1983 年，村里通过盘活土地资源、动员村民入股和向保险公司

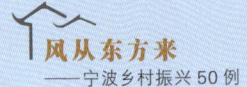

借款等办法,解决了"一无资金、二无场地"的困难,办起了一家小电线厂。工厂很快发展壮大,专业生产电源线、插头插座、小家电等产品,成了知名品牌。一条电线通世界,经过十多年市场风雨的考验,这个毫不起眼的家庭作坊式小厂,脱胎换骨成为集团公司后,帮助村民逐渐走上了脱贫致富的道路,迅速改变了小路下村的状况。村里人大多离开田头,走进企业,完成了从农民到产业工人的角色转变。很快他们又住上了别墅,开上了汽车,实现了从村民到市民的转变。

在发展工业经济的同时,小路下村开始思考村庄的长久发展,并着手制订村庄的发展规划。但要做好规划,必须先调整土地权属,要调整土地权属,就必须取得村民的大力支持。为此,村干部一班人分批召开座谈会,向村民说明情况,取得村民的理解和支持。村里前后共召开了36次各种类型的座谈会,几乎每个村民都参加了。村干部不但听取村民的意见,而且统一他们的思想。土地权属调整后,在上级有关部门的大力帮助和支持下,小路下村于20世纪90年代初,邀请同济大学专家到村里实地考察,按照建设现代农村社区的理念,为该村量身制订了高标准、高起点、高品质的规划,由此形成了工业、农业、住宅、文教四大区域,为该村的健康发展提供了科学依据。

　　这个规划,引领小路下村发展了20年。直到2013年,该村又邀请浙江大学专家对规划进行了完善提升,使规划更加符合发展实际和形势,为美丽村庄再添新风采。

　　小路下村坚持农工商齐头并进,为建设美丽村庄提供了强大的经济保障。他们依据规划做到"实事紧跟",先后投入4000多万元开展道路硬化、零星村整治、节能路灯亮化、精品农业园区及综合服务中心建设和环境整治提升、农村生活污水治理等工程,尤其是在"五水共治"行动中,村里制订了符合村庄实际的"五水共治"水岸一体化实施方案,并成立了4支志愿者队伍,通过开展集中整治和落实长效管理机制,使村庄的水环境得到全面改善。小路下村还把村庄绿化作为建设美丽家园的重要抓手,取得了显著成效,1996年,该村被全国绿化委员会授予"全国绿化千佳村"的称号。目前,全村绿化覆盖率达到40%以上,基本实现了道路硬化、水面净化、灯光亮化、住宅别墅化、村庄园林化的目标。

1996年，小路下村开启了文明村创建之路，他们率先开展了"十星级文明户"评选活动，在全体村民中逐渐树立起了"争创文明村、争做文明人"的理念和意识。评选活动覆盖全村所有的家庭，通过多年持续不断地开展该项活动，全村涌现出了一大批文明户，并形成了"人人争当文明人、户户争做文明事"的良好氛围。当年，小路下村的"十星级文明户"创评活动，还成为《人民日报》、中央电视台等各级新闻媒体采访报道的热点。现今，这一创评活动已进行到第八届，已成为小路下村文明创建的重要品牌。

美好的生活不仅需要物质支撑,还需要文化引领。2003年,小路下村投资300万元,建成了村级文化公园,公园占地50亩,设有文化宫、广场、戏台、门球场、露天舞池、图书室、村史展览室等。这些文化设施面向外界免费开放,为村民、企业职工和外来人员提供了学习休闲娱乐的良好场所。近年来,该村还先后建成了由联合国教科文组织评定的"农村学习型社区项目实验点",浙江省首家村级党校,全省首个打工网站、青年中心和老年活动中心。组建了木偶摔跤、门球、腰鼓、戏曲、舞蹈等10余支群众文体队伍,经常利用重大节日开展群众喜闻乐见的文化体育活动。2016年4月,经过近半年时间的酝酿、创作和反复修改,小路下村的村歌《我的家乡小路下》定稿出炉,歌词朴实无华、催人奋进,较好地反映了小路下村的发展历史,并以此激励村民不断与时俱进、勇于开拓进取。

2019年5月,村里成立新时代文明实践站,不断增强广大群众凝聚力,筑牢共同的文明思想。同时依托农村文化礼堂、家园馆等宣传阵地,利用电

子屏、《清风月刊》等多种载体，大力宣传、营造淳朴文明的良好乡风，让清风正气吹进每一户人家，让家教家风滋润每一户家庭。该村还十分注重把城市的时尚文化活动引入村里，使城市的时尚与农村的乡土特色互融共促，相得益彰。如今小路下村村民的业余文化生活更加丰富多彩，空闲的时候村民自发到文化公园跳舞、健身、打球、跑步、吹拉弹唱，已成为一种新常态。

全面小康路上绝不能让一个人掉队，为此小路下村建立了占地30亩的农民安置小区，使住房困难户能分批住上新楼房。村里还建立了爱心联谊会，成立十多年来，对社会公益事业坚持不懈，弘扬社会正能量，共筹集爱心款120多万元，帮助困难群众500余人，已然成为小路下村文明的亮丽名片。村里还组建了"道德银行"网点，营造"做好人有好报、讲道德有回报"的良好社会氛围。为进一步激发乡贤回归家乡、建设家乡的热情和动力，村里成立了小路下村乡贤联谊会，动员和号召更多的人为小路下村的发展贡献智慧和力量。

秉持"物质精神两手抓、口袋脑袋一起富"的发展理念，以文化人、成风化俗，欣欣向荣的精神文明，丰富多彩的群众文化，"全国文明村"已成为小路下的重要品牌和特色亮点。接下来，小路下村将继续深入实施乡村振兴战略，全面落实"党建引领、发展富民"的工作理念，围绕"文明示范线"建设，持续推动村级经济质量提升、村庄生态环境提升、村民生活品位提升，着力打造经济繁荣、生活富裕、环境优美、管理民主、社会和谐的乡村振兴样板村。

028

余姚市谢家路村
开拓奋进谋发展　力当争先排头兵

谢家路村位于余姚市泗门镇，由原来的4个村合并而成，区域面积5平方公里，有耕地3709亩，有农户1620多户、户籍人口4700人、外来人口3000余人，有党员220名。该村以党建促发展、促社会管理创新，把昔日贫穷落后的边远村，建设成了远近闻名的富裕村、先进村，获评全国文明村、全国先进基层党组织、全国民主法治示范村、全国优秀小康村、浙江省全面小康建设示范村、浙江省党建工作示范村、浙江省美丽乡村精品特色村、浙江省美丽宜居示范村、浙江省绿化示范村、浙江省3A级景区村庄、宁波市全面小康示范标兵村、宁波市党员服务中心示范村、宁波市绿化家庭创建示范村等。

谢家路村因旧时有路经谢氏宗祠到村子而得名，之前村民主要种植榨菜、棉花等，没有什么明显的发展优势。改革开放后，特别是近20年来，按照"发展富村、建设美村、文明兴村、民主稳村、党建强村"的目标，没有条件自己创造条件，硬是凭着一股子闯劲，实现了三个阶段的跨越发展。第一阶段实现了从无到有。2001年，村里建起了一个小型农贸市场，如今已发展成了综合性市场和商贸一条街,挖到了壮大村级集体经济的第一桶金。第二阶段实现了由少到多。从 2003 年开始,村里通过土地整理,让 40 多户零星居住的村民搬迁到新村,净增耕地 150 亩,增强了发展后劲。同时抓住姚北工业园区建设的契机,走上了工业强村之路,目前村里有企业 100 多家,其中上亿元企业 5 家。第三阶段实现了由多到强。2009 年,启动实施浙江省重点工程"谢家路新大陆农业科技园区建设项目",进一步壮大了村级集体经济。

在经济发展的同时,大力实施新农村建设,完成了道路硬化、路灯亮化、村庄绿化、环境净化等基础设施建设。还建起了农民文化公园、便民服务中心、文化休闲广场、欢乐大舞台、道德长廊、家园馆、农家书屋等,这既为村民提供了休闲娱乐的场所,又提高了村民的生活质量,使村民的居住环境发生了巨大的变化。村里坚持每年评选"十星级文明户""五好文明家庭",分批开展村民素质教育,举办农民文化艺术节,着力营造文明健康、积极向上的村风民风。从 2002 年开始,村里组织党员与困难群众结对,并筹资 200 多万元,建立了村"帮困扶贫基金"和"爱心超市",受益群众累计超过 800 人次。

谢家路村坚持"建制度、促规范",连续10多年推行"两评议、五定期"制度,并坚持贯彻周二、周五夜办公制度,方便群众找村干部办事。村里还把支部建在村民小组上,以村民小组为单位,设立党员责任区,做到管理进区、服务进户,组织引导党员多渠道收集民意、多形式反映民事、多层面分析民情,使全村200多名党员成为服务4000多名村民的贴心人,并且带动了1000多名志愿者参与村里的建设和管理。目前,谢家路村已连续多年无群体性事件、无上访事件和零刑事案件,连邻里的纠纷也很少发生。

为保证群众真正当家做主,谢家路村探索实施了"阳光村务八步工作法"。规定凡实施村级重大工程项目和其他涉及村民切身利益的重大事项,一律按党员群众提议、村民小组酝酿后提出议案、村班子讨论、征求党员群众意见、党员大会提出村务实施建议、村民代表会议表决、组织实施、通报实施结果等八个步骤进行操作,使村干部的每一项工作都有了广泛而坚实的群众基础,得到了群众的拥护和支持。全体村干部心往一处想、劲往一处使,

全心全意为村里发展和村民生活改善作贡献。

在谢家路村新时代文明实践站内,设有精神家园馆、志愿服务站、乡贤工作室、老年活动中心等,整合了现有的基层公共服务阵地资源,形成以村文化站为中心、文化活动室为点的格局。设立了初心学堂,编制《党员初心故事本》,每月10日晚上在"小板凳"村民说事亭进行"小板凳说事";每月23日前哨支部规范学习,打造百姓身边的学习活动场所。同时以志愿服务助推新时代文明实践,组建了党员志愿服务队、巾帼志愿服务队、普法志愿服务队等志愿服务组织,满足了村民开展文化活动和志愿服务活动等不同需求。充分发挥党员的先锋模范作用,有序开展环境整治、矛盾调解、教育关爱、文化惠民、平安法治等文明实践活动,让村民感受到温暖在身边、文明在身边、幸福在身边。

作为村庄规模大、人口较多的村,如何更好地构建未来乡村自治模式,实现新农村又好又快地发展,谢家路村进行了积极的探索和创新的实践。他们通过大走访、大调研、大座谈,针对当前村集体与村民之间最直接、最紧密的"三大关系、三大需求",提出了在巩固现有治理模式的基础上,进一步传承和发扬"小板凳工作法",升级打造"小板凳工作法"的2.0版——"智慧板凳",通过信息化、数字化、智慧化手段,推进乡村治理的现代化。村里创新设立了一网管全村的"智慧室",集党建智慧平台、网格化管理平台、出租房管理平台、智能门锁管理平台等于一体,实现了整个村庄的系统管理、体系治理,及时发现问题,及时处置问题。建立智慧化管理系统的学习体系、监管体系、考核体系、制度体系等,突出重点领域,畅通联络"神经",将村里原有的4个网格细分为12个网格,便于对区域情况的熟悉和掌握,便于每个村干部的责任落实。同时将政府各部门的数据导入系统,完善数据信息库,设置村"智治"管理闭环区,实现村庄治理的智慧化、快速化,实现村民诉

求"最多跑一次、最多反映一次、最多跑一地",让各类矛盾和问题都能及时化解和解决,实现"小事不出组、大事不出村"。

谢家路村把党组织的战斗堡垒作用、党员的模范带头作用、群众参与的主体作用充分融入乡村治理的各个环节,凝聚起村级治理的合力,不断巩固和扩大文明村创建的成果。近年来,围绕民生实事开展了中心区域道路改造、村庄沟渠建设和环境整治提升、农田设施维护、垃圾场选址移位、农贸市场升级改造、停车场新建等70多项提升工程。组织开展了"六清六净"环境整治行动,全面实施生活垃圾分类,对卫生保洁实施一系列的改革,全村垃圾桶由原来的1632只减少到现在的431只,垃圾分类意识已深入人心。同时,对全村破旧危房进行全面整治,对道路、绿化、围墙、庭院等进行统一布局和升级。全面推进党建"显亮工程",打造党建"文明示范线",将文明实践深植,使文明乡风盛行,让文明发展走深走实。

下一步,谢家路村将围绕"党建引领、幸福群众",进一步巩固全国文明村的创建成果,提升新时代文明实践的力度和广度,打造景区化的村庄,不断提高村民素质、提升村庄品质,使村民的幸福感和获得感持续增强,争做美丽乡村建设的"排头兵"。

029

余姚市柿林村
青山绿水藏古村　粉墙黛瓦映柿红

柿林村位于余姚市大岚镇东南部,因盛产吊红柿子而得名,区域面积6.05平方公里,有耕地835亩、山林6202亩,有农户289户、人口650人,有党员42名。著名的国家4A级景区——宁波丹山赤水风景区,就在柿林村域内。近年来,柿林村充分发挥山区古村落独特的山水资源和人文资源优势,大力发展文旅产业,不断壮大集体经济,提升村民群众的幸福感和获得感,获评中国最佳山村旅游景点、中国历史文化名村、中国传统村落、全国生态文化村、全国特色景观旅游名镇名村、中国最美休闲乡村、浙江省农家乐特色示范村、浙江省小康示范村、浙江省卫生村、宁波市文明村、宁波市历史文化名村等。

柿林村四面环山,满坡翠竹林木,不但山水秀丽,而且原始古朴,山林和村庄原貌保持完好。村庄依山而建,西高东低,错落有致,布局紧凑合理,村中道路弯曲,小巷悠长,是一个典型的山区古村落。村子曾因人才辈出而称"士岭",又因两岭对峙而称"峙岭"。直到20世纪60年代时,因村宅门前屋后都是柿子树,才改名为柿林村。全村只有沈氏一姓,据记载,周文王

之子受封于沈地,遂以封地为姓,其后裔游玩来到此地,见山峦叠翠、溪水清澈、空气清新、环境幽静,遂居住下来,至今已有650余年。村中有一古井,井水纯净,冬暖夏凉,是全村人的饮用水源。故有"一村一姓一家人,一口古井饮一村"之说。

柿林村为浙东峡谷地貌,土壤多为黄泥土和沙石土。由于地处平均海拔为550米的高山台地,光照和雨水充沛,四季分明,物产丰富。以前,虽然柿子、茶叶、竹笋、花卉等农特产品为村民带来了较好的经济收入,但毕竟山高路远,交通不便、信息不灵,年轻人也大多下山外出打工,村子要想有大的发展,必须另辟蹊径。

进入21世纪,新一届村领导班子即开始谋划如何充分运用本地丰富的山水、人文、红色资源优势,因地制宜发展特色产业。2001年,他们学着城里人的做法,也搞起了招商引资,意想不到的是一举引来了"大项目"。2002年,按照"一点启动、全面带动"的旅游发展思路,成功开发了丹山赤水风景名胜区。景区地处四明山腹地,是一处以峡谷景观为依托,以浙东古山村风情为文化内涵,以绝壁、奇岩、古桥、流溪、飞瀑为特色的风景名胜。由丹山赤水、鹰岩洞天、狮王悟道、淡瀑飞水等为代表的"丹山八景"和30多处其他景点组成。景区内群峰斗妍、古树参天、竹木蔽日、溪水潺潺,是人们享受自然山水风光、沐浴历史文化、品味山乡风情、休闲娱乐度假的生态旅游胜地。

为不断提升丹山赤水景区的知名度,柿林村打响文化品牌,加大宣传力度,做精"柿子"文章,取得了相当好的效果。吊红柿子是柿林村的传统名

（照片由大岚镇提供）

果,以果色艳丽、肉质柔软闻名。每年入秋后,柿子开始逐渐成熟,由青转变成红色,悬挂在树上,极为美观,故宁波一带称其为"吊红"。柿林村现有柿子种植面积200多亩,年产柿子20余万斤,从2003年起,每年举办"柿子节",吸引了众多的游客上山。2006年,柿林村又将"吊红"注册为"阳春红",进一步打响品牌。惹人垂涎的吊红柿子不仅是游客争相购买的农特产品,也成了柿林村村民增收致富的"吉祥果"。

在大力发展旅游业的同时,村里十分重视村容村貌的改善和环境建设,决心走生态立村、生态强村之路。他们结合本村实际,请专家制订了古村保护规划,并严格按照规划要求分步实施,以整治环境为抓手,以改路、改水、改厕为重点,抓紧做好景区的服务管理、环境整治,村道硬化等配套工作。对村庄主要道路进行了硬化,修建了旅游专用线,新建了广场和停车场,改建了车站,解决了通行难和停车难的问题。改造安装了自来水管道2500米,确保村民和游客的生产用水和生活用水。新建公厕3座、垃圾中转站1个,

并建立健全了环境卫生长效保洁机制。

在此基础上,柿林村积极发展第三产业,在开发景区的同时,鼓励村民开办农家乐,依托景区打造农家乐基地,逐渐形成了游丹山赤水、吃农家饭、住农家居、享农家乐的山水田园旅游模式,营造了经济发展的良好氛围。现在,村里共有农家饭店25家、民宿23家,运作已相当成熟,价格公道、味道鲜美,尤其是当地特色的时令乡野土菜,更能让游客体验原汁原味的乡村生活。村里也有咖啡店、小酒馆以及高档的精品民宿,可供选择。村民们用大山的淳朴和乡村的性情,迎接着来自各方的客人,给人以远离喧嚣的悠然自得和脱离凡尘的神闲气宁。

柿林村素有崇教之风,留存至今的明清时期墙门上,还依稀可见"耕读传家"等字样。在村口的沈氏宗祠里,悬挂着柿林村人引以为傲的"文肃世家""钦旌节孝"等匾额,是历代村民先祖受的表彰。历代诸多名人雅士到此览胜抒怀,留下了许多优美诗篇,唐代诗人李白就有"四明三千里,朝起赤城霞"之吟,明代诗人又有"丹山赤水神仙宅,布袜青鞋作胜游"之记。

在柿林村一座黑瓦木屋的四合院里,坐落着中共余姚四明山第一党支部纪念室,1938年5月,就在这里成立了四明山区最早的党支部——中共峙岭(柿林)村支部,点起了四明山区党组织发展的星星之火,到1943年,中共在四明山区就建起了34个党支部,发展党员182名。走进陈列室,里面陈列着许多老照片和旧物件,当年革命志士的草鞋、蓑衣、皮带、青瓷碗、钢笔、通讯录等生活用品都见证着革命火种在这片土地上生根发芽,为抗日之火助燃添薪。

村领导班子坚持做到与村民心连心,想方设法解决山区群众的困难和问题。现村里设有规范化的卫生室为村民提供医疗服务,每年参加新型农村合作医疗保险的村民达100%。根据村实际情况和村集体经济实力,向

60岁以上的老年村民每人每年发放500—800元不等的养老补贴,每年重阳节给60岁以上的老人每人发放100元慰问金。村里还新建了文化礼堂,增添了健身器材,组织开展各种文体活动,丰富了群众的精神文化生活。

站在村口景区入口的牌楼下看柿林村,整个村子就如同悬挂在山腰间,茂密的山林环绕在四周,规整的农舍在绿色间若隐若现。在秋冬季节,漫山遍野的柿子树,吊满枝头的红柿子,映衬着青山绿水、粉墙黛瓦,愈发显现出柿林村的美好景致和村民们的火红生活。接下来,柿林村将继续围绕建设生态旅游休闲胜地的发展定位,以丹山赤水景区为依托,保护柿林古村,挖掘山村文化,着力打造好生态优美、充满活力、富有个性的山区旅游胜地。

030

慈溪市庙山村
强村富民创新业　美丽宜居筑家园

庙山村位于慈溪市宗汉街道西南角,因村内有座庙山,故村庄以此得名,由4个自然村组成,区域面积0.75平方公里,有农户389户、人口1224人,有党员87名。庙山村是乘着改革开放的东风,被工业化改变的乡村范本。2020年,庙山村工农业总产值达到11235.5万元,股份经济合作社总收入为462万元,全村农民人均年收入达到4.8万元。获评国家森林乡村、浙江省全面小康建设示范村、浙江省文明村、浙江省卫生村、浙江省绿化示范村、浙江省村镇建设先进村、宁波市最洁美村庄、宁波市"园林式"村庄、宁波市美丽宜居村、宁波市村民自治模范村等。

庙山村地处平原,村民素以种植水稻、棉花为主,曾经是个贫穷落后的村庄,村民生活难以为继,纷纷外出打零工,靠给人理发、补锅、放爆米花等为生。是改革开放的大潮,激起了庙山人奋发图强、改变落后面貌的决心和信心。20世纪80年代,他们就开始探索创办乡村企业,并很快形成了龙头企业,带动村庄迅速走上村强民富的道路,成了远近闻名的富裕村。在大力发展乡村企业、壮大集体经济的同时,为综合开发利用土地资源,集约用地,

　　改善人居环境,1993年村里就开始探索"以厂带村、厂村共赢"的"庙山模式",通过"统一规划、统一拆迁、统一建造、统一搬迁"的思路,开展新村建设,分三期建成了350幢农民别墅,使村庄的面貌发生了巨大的变化。同时,加大村庄环境绿化美化的力度,投入资金500多万元,建设绿地面积近5万平方米,绿化覆盖率达到36.5%,人均拥有绿地面积达42平方米。庙山村旧貌换新颜,实现了村庄别墅化、道路网络化、环境园林化,如一颗明珠闪耀着璀璨的光芒。

　　富起来、美起来后,庙山村确定了进一步的追求目标,这就是"文明"。该村积极发挥村领导班子的战斗堡垒作用,紧紧围绕社会主义新农村建设目标,广泛开展群众性精神文明创建活动,着力塑造"景美、人美、生活美"的新风貌,努力提高村民的文明素养和村庄的文明程度,取得了明显的成效。村里连续多年开展"文明家庭""慈孝家庭""美丽家庭"以及"好媳妇""好子女"等道德典型的评选活动,经常开展道德讲堂、好人好事榜公示、道德模范推选以及道德实践活动。走进庙山村,人们就会看到以《村规民约三字经》、家风家训、乡风文明、志愿服务、助残扶残、文明公约等为主题的宣传标语,它们与自然美景融为一体。像"生命在于运动,文明在于行动"

这样的"文明元素",在村里的新时代文明广场上随处可见。"你我都是文明的第一践行人",庙山村村口的这句标语,道出了庙山人的文明追求和素养品位。

文明还体现在村庄的日常管理中。在庙山村,现在没有人会有乱丢垃圾等不文明行为,相反,有更多的村民参与村里的管理和服务活动,为绿化、净化、美化村庄发挥自己的作用。为了让河水更清洁,村里组织干部群众治理河道、清洁池塘,通过打扫河面浮藻、设置生态浮岛、投放鱼苗浮萍、种植河岸绿化等,还河水以清洁、使河岸以美观。河道两岸的村民也自觉担任监督员,及时制止污染河道的行为,维护了水生态平衡,提升了村庄的整体形象。同时,村里制定了长效管理机制,落实相关责任制度,加强管理和监督,保证村庄无"脏乱差"现象。

村里还分三阶段推进垃圾分类工作,取消"一户一桶"模式,实现垃圾分类定时定点投放,并设立再生资源回收站,建立"村民—村级回收站—企业回收"的模式,还通过积分管理,激励村民以分换物,提高资源的回收率。

文化与文明相得益彰,使庙山村的美更具有人文内涵。近年来,庙山村充分利用文化礼堂、乡风文明馆等文化阵地,连年举办集体祝寿、戏曲联欢、"我们的春晚"等活动,常态化开展传统文化、慈孝文化宣传与法制宣传,大力倡导科学、文明、健康的生活方式,彰显社会主义新农村的新风尚、新气象。庙山村的休闲公园,也是村里的文化主题公园,这里有设计精美的法治主题板块和慈孝主题板块,包括法律典故步道、法制长廊、慈孝亭、慈孝雕塑群等,人们可在此一边静静地游览美景、休闲休息,一边观看主题展板,接受教育和熏陶。

庙山村坚持法治、德治和村民自治相结合,把群众的法制意识、思想道德"里子"和村容村貌、群众福祉的"面子"同步推进,"口袋富"推动"脑袋富",实现物质和精神"双丰收"。通过成立法治道德评议团,每月开展评议日活动,以孝老、敬老、社会风气、环境卫生、遵纪守法等内容为主题开展评议,充分调动群众的积极性、主动性。通过开展法律知识入户、定期走访、宣传讲座等活动,提高了村民的法律意识和法制观念。结合村党组织"先锋户联"工作,实行党员联户制度,通过网格划分区域落实责任制,加强不安定因素的排查和调处,及时处理和遏制各类事件及苗头,实现了小纠纷不出村、大纠纷不出街道,无民间纠纷引发刑事案件,无民间纠纷引起治安案件和群众性上访事件等,保障和促进了村庄社会稳定和经济发展。

庙山村积极推动新时代文明实践站的建设工作,深化学雷锋志愿服务活动。目前,全村共有志愿者220人,占户籍人口的20%。2015年,由村民自发组建第一支庙山村志愿服务队以来,规模不断壮大,志愿者专业技能不断提升,已形成了党员志愿服务队、文明宣传志愿服务队、文艺宣讲志愿小分队等12支志愿服务队伍。通过相互帮扶,形成了助人自助、乐人乐己的良好氛围。特别是自开展防控新冠肺炎疫情以来,又有许多村民加入志愿者队伍,主动请缨投入村庄的疫情防控工作,参加在各个卡口的执勤工作等,以实际行动力守村庄的安全。

(照片由宗汉街道提供)

庙山村素有"孝行庙山"的传统。自1999年以来,庙山村实施"夕阳工程",建设大规模有特色的老年公寓,提供了252套公寓供老年人免费入住,并设立了爱心饮用热水点、理发室、健康咨询中心等场所,可以为老年人提供咨询、体检、清扫、理发等免费服务。在组织志愿者定期为老人提供生活帮扶和心灵抚慰的同时,村里建起日间照料中心,为老人们提供文体活动、室外健身、日托休息等功能,并由志愿者为行动不便的老人提供送餐服务。同时,村里还建立了优秀学生奖励制度,对学习优秀的学生发放奖学金,对考上大中专院校以上的学生给予一次性奖励等举措,在村里形成了尊老爱幼的良好风气。

如今的庙山村道路宽敞通达,河渠清澈环绕,环境整洁优美,气氛宁静安详,展现出一幅城市文明与农家风光交相辉映的美丽画卷。接下来,庙山村将再接再厉,进一步加大建设美丽宜居村庄的力度,在文明程度和其他各项事业发展上不断取得新进展,着力构建人与自然和谐相处的社会主义新农村。

031

慈溪市徐福村
承续千年传奇　享乐和美乡村

徐福村位于慈溪市龙山镇,区域面积4.5平方公里,有耕地1240亩、山林1380亩,有农户648户、常住人口1644人、外来人口1000余人,有党员118名。该村以社会和谐、村庄和丽、邻居和睦、家庭和美、人心和顺、人文和畅、经营和气的"七和"为目标,打造"和风徐福"。村庄整洁优美,秩序井然,人们生活富裕、精神康乐,获评全国文明村、全国敬老模范村、全国综合减灾示范社区、中国美丽休闲乡村、国家森林乡村、浙江省全面建设小康社会示范村、浙江省党建工作示范村、浙江省最美村庄、浙江省森林村庄、浙江省卫生村、浙江省民主法治示范村、浙江省旅游特色村、浙江省3A级景区村庄等。

20多年前,徐福村还是个村级经济薄弱、基础设施落后、道路狭窄不平、房屋杂乱无章的落后村。新一届村领导班子大胆创新、勇于突破,通过优化产业布局、调整产业结构,使村级经济得到了健康持续发展。早在2002年,村里就率先实行了以土地集中托管为模式的土地流转,将农民从土地中解放了出来。并以徐福农庄为依托,形成了现代农业发展局面。再

通过"一产集聚",形成了"近山低山花果山、远山高山茶叶山"的山林开发模式。同时,整合所有集体资产,开创了"动产拍卖、不动产租赁"的集体企业转制新路子,并开辟了占地100余亩、标准厂房建筑面积3万平方米的个私工业园区,以租金优惠的方式,租赁给村里的小微企业,鼓励村民积极创业致富,也使村里至今每年都有几百万元的固定收入。现如今,占地23亩的二期村级工业园区也已建设完毕并投入使用,形成了较为完整的轻工业产业集群。

2001年开始,徐福村一边抓集体经济,一边本着"居者有其房、村庄有新貌"的初衷,先人一步迈出了旧村改造的步伐,建成了128套别墅和108套老年公寓、外口公寓。从大力推进"旧村改造"到"农房两改",在全面完成了村东新区建设的基础上,开展了以"农房两改"为基础的中心村培育建设项目,又新建了48套复式楼、253套小高层农民公寓。村民告别了道路狭窄、房子结构差又十分破旧的居住环境,分批住上了公寓、小高层、复式楼、别墅。

2004年,徐福村迎来了转型升级的又一良机。雅戈尔集团股份有限公司在窖湖边开发达蓬山旅游度假区,原计划购买整片土地,但村里坚持留下了周边的60亩土地,全面规划生态旅游和观光旅游开发项目,建设了一批如停车场、员工宿舍、游泳馆、母婴养生馆等的旅游配套设施,实现了村集体可用资金的再次突破。同时,借机大力发展第三产业,为徐福村经济发展培育出新亮点。

在发展经济的同时,徐福村又致力于村庄的建设,先后建成了占地18.7亩的徐福公园、占地8亩的河滩公园、占地70亩的森林公园,并新建了医务室、村落文化宫、篮球场、图书室、惠民楼等医疗文体设施。结合精品村打造项目,以改善基础设施和公共服务设施为重点,按景区标准深入推进美丽乡村建设,在完成建设占地2000平方米的体育馆的基础上,又投资建设了门球场、网球场等。在做好道路硬化、河道美化、村庄绿化的基础上,完善交通水利等设施,全面实施污水处理工程,彻底改善了水环境。进行小景观改造,加强生态环境保护,使绿化面积达到46%,人均拥有绿化面积达70平方米以上。行走在徐福村,绿色簇拥村庄、溪水环绕民舍、花草装扮四季,可以真切感受到"处处是风景、家家是景点"的美丽乡村的怡人魅力。

为从源头上治理污染,结合乡村振兴典范村和文明示范线建设,徐福村向在河里洗衣行为开刀,下大力取消了河埠头,按月补贴村民水费,并将不在河里洗衣的倡议写入村民文明公约,彻底改变村民的旧习惯。接着村里又把水泥道路改造成花岗石的小路,在长廊、亭子上安装了灯带,让景观灯重新亮起来。为加强历史文化村落保护,对村庄老片区进行梳理式改造,将荒废的土地整合利用起来,将徐福村打造成集传统文化与新时代风尚于一体的山水田园美丽村落,最终实现"让村庄美得舒心、让村民住得安心"。

位于达蓬山麓的徐福村,有着一个延续了千年的传奇故事,两千多年前的秦代名士徐福,正是从当地的达蓬山启航东渡日本。徐福村充分挖掘历史文化底蕴,全面发展旅游休闲项目,打造农产品销售、特产展示、农技培训等多功能一体化的绿色基地,推动村民开设民宿、农家乐等食宿项目,培养民宿生态文化。特别是乘着乡村振兴的东风,徐福村以"党建+"模式建设美丽休闲乡村,发挥"溪上慈风"文明示范线串联效应,通过强化规划布局、夯实产业基础、厚植乡风文明,围绕达蓬山旅游业念好"山、水、园、庄、街"五字经,大力发展农家采摘、民宿、亲子乐园等特色休闲体验项目,一、二、三产相互融合带动,走出了一条"经济推动民生、民生反哺经济"的发展新路径。

徐福村以"知荣辱、树新风"等为主题,广泛开展"好媳妇""好邻居"等各类道德典型和"美丽家庭""和谐家庭""绿色家庭"等评选活动,积极树立文明新风。大力发展特色团队,充分发挥文化礼堂的作用,积极组织开展各类活动,"远东杯"乒乓球赛、"华星杯"钓鱼比赛、重阳节古典音乐晚会等都已经成了远近闻名的特色文化活动。组织实施"春泥计划",打造儿童之家、趣味书屋,每年定期举办暑期假日学校。成立慈溪市第一个村级慈善分会,筹集慈善款达90余万元,每年固定用于困难群众的助学、看病、养老、助残等。新建2300平方米的老年活动室,集健身房、棋牌室、图书室、舞蹈室、老年大学、书画大厅于一体。村里60岁以上的老人,根据不同年龄段每年可享受440元至690元不等的养老金。

(照片由龙山镇提供)

　　坚持党建引领,以村领导班子建设为龙头,以巩固壮大集体经济为重点,以村庄建设为基础,以环境整治为突破口,以文明创建为特色,"五个抓手"齐上阵,建立健全党员网格化管理,完善党员积分制管理制度,充分发挥党员中心户的作用,切实为村民提供各类服务。推进"阵地亮标识、党员亮身份、岗位亮职责、党建亮绩效"工作,开展"走亲连心"活动,组织党员和村民代表进行"人走访"、认领"微心愿"、落实"微承诺",第一时间收集民情民意,并及时解决村民的实际困难。发挥村民议事会、道德评议会、红白理事会、禁毒禁赌协会等组织的积极作用,抵制不良风气,营造平安建设氛围。近年来,村里无任何重大刑事、治安案件和事故发生,村民纠纷调解率和成

(照片由龙山镇提供)

功率均达到100%。

下一步,村里将以"党建引领,乡村振兴"为口号,以"听民意,为民生"为目标,结合将要开展的徐福片区联合机制,不断总结以党建引领为核心的"众家治村"新经验,联合邻近村共同落实净菜超市、漂流、红色教育基地等项目,寻求发展互惠、资源共享,不断创新农村工作,加快完成老村整治,用新农村田园风光吸引更多城里人回归乡村,大力发展民宿经济、康养事业和文旅产业,保留乡韵、让在外的游子记住乡愁,使徐福村成为美丽宜居的山水田园村落,为打造一条完整的生态旅游产业链打下扎实的基础,最终实现村强民富,助力乡村振兴工作再上新台阶。

032

慈溪市方家河头村
古树古道古村落　绿水青山连金山

　　方家河头村位于慈溪市龙山镇,由3个自然村组成,区域面积7.8平方公里,有耕地1585亩、山林8555亩,有农户985户、人口2371人,有党员105名。近年来,方家河头村凭借着丰富的自然资源和深厚的历史文化底蕴,结合美丽乡村建设,大力发展文旅产业,村庄发展日新月异,村民收入节节攀升,获评中国历史文化名村、国家3A级旅游景区村庄、浙江省特色旅游村、浙江省美丽宜居村、浙江省历史文化名村、浙江省美丽乡村特色精品村、浙江省卫生村、浙江省首批传统村落、浙江省美丽乡村美育村、浙江省卫生村、宁波市文明村、宁波市生态村、宁波市古村落休闲旅游基地、宁波市最洁美村庄、宁波市卫生村、宁波市最美古村落等,并入选第五批中国传统村落名录、第七批中国历史文化名镇名村等。

　　方家河头村为半稻半山区,山林栽种以毛竹、杨梅、柿子、茶叶、橘子等为主,耕地种植以水稻、黄花梨、葡萄等为主。这是一个保存完整的千年古村落,以"水秀、树古、古迹众多"著称,群山环抱、溪水流泻、古木成荫,一派原生态的自然景观。村民大多数姓方,相传为明嘉靖年间,河头方姓祖先迁

居于此，渐成当地望族，村庄因此得名"方家河头"。

走进方家河头村，就见连片古树遮云蔽日，但闻潺潺流水不绝于耳。一条石板路沿缓坡蜿蜒而上，贯穿整个村庄，两旁鳞次栉比的村民住宅，透着古色古香的韵味。穿过高大古树掩映着的镇风岭，就见古宅旁有一个池塘，面积不大，池水清可见底，是周围居民洗洗涮涮的好地方。走近细看发现，更神奇的是池塘被分割成两个不同的区域，上游是淘米洗菜的池子，下游则

是洗涮其他东西的地方,村民同时洗涮,却互不干扰。在老街的东侧有一口"方井",为慈溪域内三大古井之一,因其久旱不涸、甘甜清冽,故而声名远播,至今仍为村民所取用,也是游客参观必到之处。

保护村落和生态环境的意识,在方家河头村由来已久。"老祖宗留下的东西不能丢",因为这朴素的理念,才有了今天的美景,才使得乡愁在这里有了具体而可感的形象。村庄的大规模保护利用工程是从2012年开始实施的。方家河头村抓住"美丽乡村·幸福家园"建设的机遇,围绕打造"千年河头·生态古村"的目标,特显"四古四生"(古屋、古道、古井、古树,生态、生活、生产、生命),对古村进行了保护性修缮。一期工程累计投入3000多万元,按照"修旧如旧、特色彰显"的思路,实施古村落环境提升、老街路面和两侧民居立面改造、古屋修缮、兰屿公园提升、国家级登山健身步道和景观改造等10多项工程。目前二期工程也在紧锣

密鼓地实施中,围绕重点文物保护建筑的修复、景观的改造提升等展开。

方家河头村的"走红"并不令人意外。村庄在改造提升中注重整体规划,请来中国美术学院的专家,按照"尽可能修旧如旧、复原旧貌"的原则有序推进,使村民的新生活与古村的旧风貌相得益彰。为方便游客游玩,方家河头村建设有游客中心、旅游厕所、母婴室等公共设施,并设立旅游导视牌,提升旅游配套水平。许多村民告别了传统的行业,开始转挖"生态黄金",办起了农家乐和民宿,经营起了特色小吃和土特产,渐渐鼓起了腰包。盐烤土豆、卤兰花干、茶叶蛋等农家最寻常的味道,谁来了都想尝一尝;笋干、松花粉、土鸡等带着泥土气息的特产,成为竞相追逐的美味;隐藏在山林间的民宿,在节假日更是一房难求。古色古香和闲适质朴的特色,吸引了八方来客,游客量近年来都保持在每年五六十万人次。

村里乘势而上实施业态培育,推出古道探秘游等古村特色旅游产品,推

进民宿业态的发展,并实施亮化工程,在古道共安装 LED 灯 2800 余套,挂上了红色灯笼,不仅为古村的夜景增色,还推动了古村的夜游项目建设。注重宣传推广,以古村旅游建成区为重点,"线上+线下"联动,多渠道宣传方家河头村文化旅游线路,依托旅游微信、微博平台等,制作古村游专题,提升古村文化影响力。同时加大环境整治的力度,包括道路清扫、垃圾清运、公厕管理、河道保洁等,积极开展垃圾分类和培训,不断增强村民的垃圾分类意识,时刻保持整个村庄的整洁,让村庄变得更加美丽怡人。

村里的文化礼堂集乡村文明馆、三本学堂、生态公园、篮球场等于一体,并组建有乒乓球队、越剧队、青年合唱队、舞剑队等 17 个文体社团,结合"我们的节日",在中秋节、元宵节、端午节、春节等传统节日开展一系列主题活动。组织开展方氏宗亲交流活动,挖掘方氏文化,编写方式家谱。经常性地开展书画展览、戏曲演出、青春广场舞、老年人舞剑舞扇等各类活动,丰富了村民群众的精神文化生活。登山、写生、摄影等活动群体的不断涌入，让美丽乡村旅游达到了一个新的高度。

村里设立了调解、普法、帮教、治安巡逻等综治组织，成立了平安志愿队，把平安建设工作作为一项政治任务来抓，使各类矛盾纠纷及时化解在萌芽中，做到"小矛盾不出队，大矛盾不出村"。加强村内企业安全生产专项整治，针对排查出的安全隐患，采取相应的措施，督促各责任单位进行整改。注重重大活动期间和节假日的治安防范工作，落实值班人员，平时注重隐患的排摸力度，开创社会治安综合治理及平安建设工作的新局面，使方家河头村成为群众安居乐业的"平安村"。

2016年以来，方家河头村依托"溪上慈风"文明示范线的建设，以"古风"为基础，探索"党建+文明"的新模式，凝聚红色文明新风，组建党员志愿服务队、文明旅游志愿服务队、巾帼志愿服务队等多支志愿服务团队，建设慈溪先锋驿站方家河头号、新时代文明实践站、学雷锋志愿服务站、文明旅游驿站分站等阵地，在党员的带领下，活用团队、发动群众，广泛开展文明旅游、志愿集市等面向群众和游客的志愿服务，形成了新时代一道亮丽的风景线。

过老街沿着一条山溪走到山脚下，在地势稍高的村落南端，古木参天、溪水曲流、景色秀丽，人们管这个地方叫"兰屿"，传说当年秦始皇巡游至此，见这里风景奇佳，便以妃子兰屿之名名之。如今这里开辟了一个较大的生态公园，树龄百年以上的古木就有50多棵，其中两棵有着500年树龄的"鸳鸯樟"尤为出名，它们相依相偎，宛如一对亲密无间的恋人，吸引许多年轻情侣前来"打卡"约会，因而这里成为方家河头村人气最高的景点。

守住"绿水青山"，赢得"金山银山"，方家河头村迎来新一轮的发展机遇。接下来，村里将探索引进专业的投资方和管理方，实施历史文化名村的情景式体验，并把桃花岭古道建成沿山精品线，打造成一个特色景点。同时，按照景区村庄的要求，打通环村道路，修缮村内纵横街巷，使整个村子成为游客愿意来、愿意留的美丽景区。

033

慈溪市傅家路村
文化礼堂聚人心　民族团结促和谐

傅家路村位于慈溪市崇寿镇西南部，由4个村合并而成，区域面积5.1平方公里，有耕地2600亩，有常住农户2229户、户籍人口5379人、外来人口4700余人，有党员213名。傅家路村是一个大村，也是一个外来人口较多的村。这里既没有秀美的山水资源，也没有便捷的交通优势，却在短短十年左右的时间里，从一个默默无闻、很不起眼的村庄，一跃成为乡村建设的后起之秀，获评全国民族团结进步创建活动示范村、全国综合减灾示范村、全国妇联基层组织建设示范村、浙江省美丽乡村精品村、浙江省文化示范村、宁波市先进基层党组织、宁波市文明村、宁波市全面小康村等。

傅家路村曾经是个无资金、无资源、无特色的"三无"村，2010年以前还是慈溪市的贫困村，村委会租用着村民的房子，村里戴着贫困的帽子，村民过着举债的日子。10年来，该村从强班子、聚党员、联群众入手，以"书记有公心、班子无私心、党员无派性、全村一条心"的理念，按照"有利于村集体经济发展的事要干、有利于公益事业壮大的事要干、有利于大多数村民利益的事要干"的原则，利用创建求发展、政策筹资金、项目改面貌，通过盘

活复垦土地、多方筹措资金,建起了 2500 平方米的农贸市场和 2300 平方米的标准出租厂房;并利用土地出租和合作银行租房的契机,拓宽财源发展物业经济等三产,村级集体经济经营性收入从 10 万元一跃达到 228 万元。近年来,又借政策先机得到各类补助和捐款,并争取到中心村培育、农房两改、农田标准建设、污水纳管工程等项目,公共基础建设和环境设施有了很大的改观。2020 年,全村经济总收入 11.9 亿元,村集体经济收入 499.06 万元,农民人均收入 4.3 万元。

  党建是农村工作的法宝,正是凭借着这一法宝,傅家路村探索出了"党建+"自治、法治和德治的治村理念和路径。实施"五位一体"的村庄治理机制,"圆桌夜谈""先锋户联"、党员积分制管理等一项项具体举措落地生根;以党员中心户为核心,协同发挥党员干部、乡贤能人、少数民族居民、外来人口、归正人员的作用;按照弘扬传统美德、挖掘法治内涵的要求,创新村规民约"三字经",全面提升村民的文明意识和法治意识;弘扬孝道文化,建立居家养老双服务制,为村里 50 位老人提供每天定时送餐和每月两次上门服务等等,走出了一条"党建引领、众家治村"的新路子,即"集众家智慧、举众家力量、定众家契约、建众家礼堂、谋众家福祉"。在全村上下齐心协力下,短短10年时间,实现了三年脱贫摘帽,三年创建小康村,三年村庄换新颜。10年间,傅家路村共征地1200多亩,拆迁2万多平方米,至今无一起群访事件。现在的傅家路村,道路整洁,环境优美,乡风和美,一派生机盎然、欣欣向荣的美丽乡村景象。

傅家路村是慈溪市较早发展村落文化的村,2001年就被评为慈溪市村落文化宫建设的示范点。2013年,该村只用短短的4个月时间,就建起了一座漂亮的文化礼堂,内设乡风文明馆、三北学堂、民族亲和馆,周边还建有文化公园和农民广场。在村民心中,这个集家庭文化、产业文化、村落文化、红色文化于一体的文化综合体,既是民有所乐的乡村"会客厅",也是传承文脉记忆的"乡愁基地",更是凝心聚力的"红色殿堂"。村里把优秀传统文化与社会主义核心价值观相融合,将孝道文化、家国情怀融入文化礼堂的设

(照片由崇寿镇提供)

（照片由崇寿镇提供）

计建造中,并创新文化礼堂管理模式,精准对接村民的文化体育需求,组建了15支村民文体队,在三北学堂开设了远教影院,为这个"众家礼堂"增添了活力和人气。文化礼堂的展馆内汇集了300多件村民捐赠的老物件和艺术品,除了村民创作的书画剪纸作品、蝴蝶标本外,还有不少老一辈使用过的生活生产用具。文化礼堂让这些老物件有了安放之地,也让村民有了缅怀历史、回味故事的场所。微型党课宣讲、邻里文化节……文化礼堂建成后,傅家路村的活动多了,人气也更旺了。随着各种软硬件设施的不断完善,在村民脑海中形成了这样一个印象:有事没事上文化礼堂逛逛,"月光文化"一点也不比城市差。7年来,这座文化礼堂犹如一泓清泉,滋润了村民的心田,也提升了傅家路村的幸福指数。

民族团结、和谐相处,形成了傅家路村独特的风景。随着村庄的发展,不少少数民族群众因嫁娶、创业、务工等原因从贵州、广西等地迁居而来。目前村里有少数民族群众538人,共有18个少数民族,以苗族、布依族、土家族居多。该村民族工作围绕"共同团结奋斗、共同繁荣发展"的主题,以"交融、互助、同心、共富"为理念,组建完善了民族工作委员会、片区民族联谊小组和少数民族民情驿站三级网络架构。设置村少数民族工作室及少数民族便民窗口,建立了民族工作由点到面的服务体系。还先后投资40万元建成了建筑面积约320平方米的民族文化馆,以展示民族文化和科普民族知识;建成民族风情长廊,集中展示56个民族的风俗风情;建立"民族一家亲"工作QQ群;设立民情驿站,倾听少数民族群众的意见、建议,开展面向少数民族需求的服务;设立少数民族帮扶基金,用于解决少数民族群众的生产生活困难。为丰富新老村民的业余生活,村里组建了篮球、太极拳、交谊舞等15支文体队伍,让生活在傅家路村的新慈溪人也在第二故乡找到"根"。

如今,傅家路村正马不停蹄地以"党建争强"为引领,大力实施乡村振兴,引领着新时代乡村振兴战略的创新实践。"水库里水满了,沟渠里水也会满起来",傅家路村上下正抓紧建设生态环境、基础设施、公共文化、景观绿化和立面改造五方面共10个项目,并注重在风貌上留住乡村的"形",在文化上留住乡村的"魂",在功能上体现乡村的"全",最大程度地保护乡村的里街小弄和自然格局,保留原汁原味的乡村风貌。

"村在上,民为大,公在先,家是根。万人村,民族多,心相融,一家亲……"在傅家路村文化礼堂,村规民约"三字经"挂在最显眼的位置。"自己的文化,自己传承;自己的精神,自己弘扬。这才是农民的文化自信!"傅家路村领导班子将带领群众按照"建设村强民富、村美民乐、村融民和的片区中心村"的目标,"有理念、有目标、有思路、有发展、有成就、有氛围",对标争先、苦干实干,在乡村振兴的路子上走得更快更稳,努力取得更好的成绩和更大的发展。

034

慈溪市垫桥村
培育和美乡风　打造靓丽名片

垫桥村位于慈溪市长河镇,由5个自然村组成,区域面积2.3平方公里,有耕地2528亩、林地4500亩,有农户1139户、常住人口3031人、外来人口近3000人,有党员154名。近年来,垫桥村围绕创建全国文明村的目标,紧密联系本村实际,创造性地开展各项工作,着力推进社会主义新农村建设,获评全国文明村、全国民主法治示范村、浙江省全面小康建设示范村、浙江省卫生村、浙江省美丽乡村精品村、浙江省绿化示范村、宁波市园林式村庄、宁波市科普示范村、宁波市生态村等。

"垫桥",意为低洼处所造之桥。清道光年间,当地两位乡绅共同将做70岁寿宴的费用捐出,筑桥于此,以方便群众出行,一时名声大噪,百姓冠名以"垫桥"而记之,一直沿用至今。改革开放以来,这个以种植蔬菜为主的村庄,随着产业结构的不断调整,涌现出一大批农产品销售大户,农业由单纯的种植业向现代生态农业发展。在乡村企业发展的过程中,逐步形成了以五金、塑料为主的产业结构,特别是服装衣架产业远近闻名。2020年,垫桥村全年完成生产总值22.1亿元,其中工业生产总值20.99亿元,农业

生产总值0.15亿元,三产增值0.96亿元,村级集体总收入550.59万元,村级可用资金268.38万元,村民人均收入39416元,村级集体资产5765万元。

在新农村建设的进程中,垫桥村通过编制村庄规划,采取滚动发展的模式,先易后难地推进新村建设和旧村改造。2011年,投资2000万元建成垫桥农民公寓,成为当时新农村建设的样板。2017年,通过美丽乡村示范村建设项目,投入资金685万元,以村庄整治、环境优化、土地综合治理为切入口,加强中心村基础设施建设和公共服务配套设施建设,建成具备特色产业区、生活休闲区、旅游风光区、公共服务中心"三区一中心"新型农村。2018年,建成农民集中居住区,同时进一步扩建垫桥公园,完善村文化礼堂等民生工程,展现屋齐、路洁、水清、村美的新面貌。2019年以来,结合全国文明村创建工作,实施乡村振兴典范村建设项目,包括区块改造提升、环境整治、文化广场和陈列馆建设、河道道路提升等,村庄面貌焕然一新。

慈溪市垫桥村

在建设村庄的同时,村里始终把环境保护工作放在突出的位置,深化全村环境整治,花大力气改善农村生活环境。安排专人负责村庄内的公厕保洁,家家户户安装了自来水,普及率达到100%。对村域内的"三直二横"5条河道进行了水系拓疏、生态护岸、景观绿化等系统整治,整治面积约9.15万平方米,并对村内所有河道和主要道路进行全年保洁。全力推进森林村庄建设,抓好道路绿化和河岸绿化。组织村民开展庭院绿化,通过房前屋后"见缝插绿",目前全村绿化覆盖率达到40%以上。

广泛开展"文明家庭""美丽庭院"等文明实践活动,着力构建"处处文明、家家和谐、人人幸福"的美善村风。充分利用网络媒体、科普长廊、宣传栏、墙绘等宣传渠道和发放倡议书等方式,广泛开展文明知识和好人好事的宣传,营造浓厚的文明创建氛围。积极实施"春泥计划",连续多年举办暑期假日学校,定期宣传科普知识,组织开展文明行为活动和帮困助学关爱行

动,为贫困孩子解决实际困难。村学雷锋志愿服务站建在养老日间照料中心内,经常开展志愿服务活动。关注弱势群体,开展慈善救助行动,发动企业单位和个人参与慈善工作,特别是2020年初疫情期间,众多企业的党员干部自愿捐款捐物,形成了一股强大合力。

积极推进"十大文明好习惯"养成行动。以"行不跨道、停不越线"为目标,开展文明停车专项整治工作。通过科学设置停车区域,新建2000余平方米的停车场,并在工业园区及车辆密集区新增标准停车位200余个等措施,基本满足了全村机动车停放需求。全方位推进"公筷行动",以"走心留言换公筷"活动为载体,共计发出倡议书6000份,制作发放公筷12000双,签订公筷使用承诺书252份。以网格党员支部为单位,推选了25户党员户作为"公筷进家庭"的试点户,并带动周边户签订公筷使用承诺书。组建了5支"公筷进家庭"宣讲监督队伍,在当起"公筷使用推销员"的同时,不定期交叉抽查家庭公筷使用情况,切实提高家庭中公筷的使用率。

创新建立垃圾分类体验馆,由垃圾分类知识区、农产品展示区和积分兑换区组成。垃圾分类知识区设有视频短片、图片展示和垃圾分类小游戏等,使村民能轻松掌握垃圾分类知识。馆内的桌椅柜子等都是利用废弃的木材制造而成,体现垃圾分类带来的环保概念。农产品展示区展示了垫桥村的特色作物——蛙贵米等10多种特产。积分兑换区内有食用油、洗衣液、牙膏等生活必需品,村民可根据垃圾分类的积分进行兑换。

村文化礼堂集灯光球场、法治文化园、农家书屋、三北学堂、乡风文明馆、戏曲舞台等于一体。一系列科学知识、文明礼仪、道德素养的培训,让全村讲文明、讲卫生、讲科学蔚然成风。在原有垫桥公园、戏曲舞台、灯光球场等基础上,整合基层党校、农家书屋、"春泥计划"活动室等的功能,增设道德讲堂、乡风文明馆,建成了新时代文明实践站,更新了乡风文明馆内的村史村情、民风民俗、尚德立志、发展成就、文化艺术等板块内容,进一步弘扬道德风尚,增强村民的道德意识。

村里先后组建了绍剧团、车子灯表演队、三句半宣讲团、爱心姐姐志愿服务队等10余支独具本村特色的文明实践队伍,专门购置音响、道具等设备,促进了文化队伍发展,为新时代文明实践的开展夯实了基础。这些团队长期活跃在村坊田间,用文明礼仪、道德故事、生活素材建立起富有共通感的空间教育意境,用说、唱、舞、乐来歌颂村民身边的真善美,宣传党的富民惠民政策,充分体现了群众性和广泛性,既丰富了群众的文化生活,又提高了群众的文明素质。

全面推进"法律服务进村为民工程",法律顾问团每周都会进村提供基层法律知识讲解、法治文化宣传及其他法律服务,从源头上保证村民维权可以走法律途径,以法律手段"定分止争",全村无重大事件发生,治安案件发

案率呈逐年下降趋势。广泛开展"安全小区、邻里守望"活动,村里设立了综治室和警务室,组建了夜巡队,实施群防群治和物防技防的措施,着力打造"安全阳光小区"。

通过开展创建全国文明村活动,垫桥村的文明村风得到了显著提升,美丽乡村实现转型升级,村民幸福指数与日俱增。下一步,村里将继续抓好乡村振兴典范村的各项工作,有计划地推进文化教育阵地的完善,不断丰富农村精神文明创建工作的内涵,打造村庄秀美、环境优美、生活甜美、社会和美的新农村靓丽名片。

035

慈溪市万安庄村
文化兴村改旧颜　田园乡村展新卷

万安庄村位于慈溪市周巷镇中部,区域面积 2.4 平方公里,有耕地 670 亩,有农户 778 户、户籍人口 1901 人、外来人口 1335 人,有党员 108 名。近年来,万安庄村围绕"强村富民、企业兴旺、三治融合、文化兴村、村美民乐"的工作目标,探索实施"党建增强、多维治理"的发展模式,实现了安居、宜居、美居的美丽乡村愿望,获评全国文明村、全国民主法治示范村、国家级森林乡村、浙江省全面小康建设示范村、浙江省农房两改建设示范村、浙江省文化村、浙江省卫生村、浙江省绿化示范村、浙江省美丽乡村特色精品村、宁波市村庄整治建设十佳村、宁波市生态村、宁波市 3A 级旅游村庄、宁波市园林式村庄等。

"万安",意指万民平安健康。相传该村先民为祈求村落太平昌盛、村民平安健康,每年的农历七月十五都要举行迎接"万安龙"大会,这时一条村民自制的五彩缤纷的长龙在村里巡游,所到之处一派热闹景象,周边村民也会赶来参与,久而久之村庄便定名为"万安"。现如今走进万安庄村,农田成方、绿树成行,一幅现代浙东田园乡村的美丽画卷展现在眼前。但谁能

想到，10多年前这里还是个每年负收入、村级无固定资产和三产用房的贫困村。

万安庄村的发展变化得益于蓬勃开展的新农村建设。2004年，村庄积极响应"千村示范、万村整治"的号召，提出"善美万安"的建设目标，编制了"一片、两横、四纵、三个中心"的村庄建设规划，坚持一张蓝图绘到底，分三步走建设美丽村庄。首先从改善村庄基础设施入手，实施道路硬化、河道净化、路灯亮化、公园绿化、卫生洁化的"五化"工程。接着，以提升村民居住环境，增加公共配套设施为重点，高起点、高标准谋划农民公寓（万安庄园）的开发，项目总规划36.6亩，分两期实施，均已建设完成，共安置农户177户和集中居住区68户，村民陆续搬进新居。再接着，抓住周巷镇小城镇建设机遇，实施美丽乡村精品村和美丽乡村典范村培育项目，助力打造一个以有文化内涵和文化底蕴的"示范村+区块梳理式改造"为主体的建设目标，推进中心横路及南区块梳理式改造、文化广场、文化礼堂项目及美丽庭院建设，并

在此基础上,继续做细做精做美,实施外立面改造提升、道路"白改黑"、雨水管改造、弱电管铺设、路灯亮化和村庄绿化提升等,村庄面貌大为改观。

与此同时,以宅基地复垦整理和农民公寓新建为发展契机,强化土地复垦,利用土地资源整合与拆迁征补房产用地,增强村级"造血"功能,实现了村集体经济大幅增收。实施农民集聚区建设,项目涉及搬迁农户136户,搬迁占地面积120亩,安置区块占地面积92.8亩。充分利用各种资源,盘活村级现有资源,用好用活上级的各项政策,把村级三产用房作为集体经济的切入点,在全镇率先启动土地流转机制,把群众多余的土地集中成整块,依法进行流转土地170.7亩,同时实施了万安新区三产用房项目、农贸市场项目和万安庄园店面房项目,新增三产用房面积16500平方米,村集体经济逐年壮大,村民收入不断提高。2020年,全村实现社会总产值8.5亿元,村级集体可用资金558万元,村民人均收入46216元。

以加强村庄公共基础设施建设为抓手,夯实村庄发展基石。建成占地

面积 1 万平方米的村落公园。全面开展河道保洁,河道两岸绿化种树,水面种养夏莲、菖蒲、美人蕉等水生植物。家家户户房前屋后都有绿色景观和一块约 2 平方米的袖珍湿地。结合水系等自然条件,打造水岸慢生活体验区。新建村卫生服务站,加大老弱病残帮扶力度,为 60 岁以上的老年人开展免费体检,对弱势群体和困难党员开展慰问和送温暖活动。加强人防、物防、技防水平,实现"天网工程"全覆盖,筑牢群防群治网络体系。每年投入 15 万元用于环境卫生专项整治,投入 20 万元用于开展庭院整治专项工作,并年年开展"绿色家庭"评比活动,村庄品位不断提升,绿化覆盖率达到了 35%,人均绿化面积 32 平方米。

2013 年,万安庄村建起了最早的一批文化礼堂,内设电子阅览室、农家书屋、乡风文明馆、健身房、球类活动室、书画室、三北学堂和老年活动室等,并以"文化超市"的概念全新打造和运作,汇集文艺创作、文艺演出、培训讲座、展览展示、图书阅览、策划服务、文化志愿服务、运营管理服务、数字公共文化服务、影视放映、设计出版等众多功能和资源,满足不同年龄段、不同知识层面的村民对文化艺术的需求。打破以往仅仅是提供文化服务的局限性,采取与村民双向互动的策略,为有一技之长的村民提供展示自我的舞台,为自发组成的文艺队伍提供策划服务,精准定位文化指向,着力营造文化氛围,让文化礼堂真正成为村民心灵的栖居地。

万安庄村将文明创建和美丽乡村精品村建设相融合,以志愿服务、助人为乐、邻里和睦、环境卫生、垃圾分类等为内容,组织开展文明家庭户、家风家训户、志愿服务户、文明楼道等创建评比活动,形成了"户户都有志愿者、家家都是文明户"的文明新风尚。以村主要道路沿街家庭户为样板,开展"树家风、立家训——百户百家训"活动,弘扬传统家庭美德,推动形成相亲相爱、向上向善的良好氛围。把破除陋习、树立新风、推进移风易俗作为提升村民文明素养的重要举措,大力提倡婚事新办、丧事简办。编写完成善美万安摄影集、书画万安作品集、百家家训家风集、新风万安"三字经"作品

集、诗画万安作品集等,并创作了万安庄村村歌。多样性、多层面的创建活动,丰富了村民的精神文化生活,提升了村民的文化素养。

近年来,万安庄村大力发展乡贤文化,提出"以文为魂,善美万安"的文化建设口号。由乡贤牵头创立了万安庄村善美诗社,创作诗歌百余首,主要体现万安庄村新农村建设、美丽乡村精品村建设及全国文明村建设成果和村容村貌等内容。同时为周边诗歌爱好者尽情地通过诗词抒发情怀、感悟生活、陶冶情操提供了一个平台,在全村营造"人人爱诗词,个个能赋首"的良好氛围。诗社还将搭建一个连接上海相关文化团体的平台,引进摄影采风创作基地、书画创作交流基地、书画艺术馆等,吸引上海乃至国内的书画名家、文化人士来村展示艺术作品。

下一步,万安庄村将继续走文化兴村的发展道路,不断深化文明创建工作,努力打造既能集中展现乡村振兴战略总要求,又能彰显特色亮点、有一定知名度和美誉度的典范村,争做乡村"文化示范窗口"模范生,真正把村庄建设成为宜居、宜业、宜游的花园式村庄。

036

宁海县梅山村
洁净美丽新山村　乡土风味蕴新风

梅山村位于宁海县胡陈乡，由3个自然村组成，区域面积2.5平方公里，有耕地295亩、山林1742亩，有农户160户、人口557人，有党员14名。村庄环境优美，干群关系融洽，村民安居乐业，被称为"幸福梅山"，获评浙江省文明村、浙江省卫生村、宁波市全面小康建设示范村、宁波市生态村、宁波市园林式村庄、宁波市民主法治示范村等。

梅山村背山面海，村民世代靠赶小海、种地为生，原先既没有工业企业，又没有旅游资源，年轻人大多外出谋生，村里只剩下老人和孩子，成为一个缺乏生气的"空心村"，也是一个"脏乱差"的落后村。改变从2003年开始，梅山村以"千村示范、万村整治"为契机，按照"一村一景""一村一品"的发展思路，借助环境整治提升、精品村创建、污水治理等专项建设资金，从群众呼声最大、整治欲望最强、实施效果最好的项目入手，先后完成危旧房拆除、外立面更新、村内道路改造等实事工程10余项，村容村貌显著改善。接下来，他们坚持一张蓝图绘到底，以景观的理念建设村庄，连续开展了二次改水、休闲公园修建、大森林村庄建设、沿河风情小道修筑等多项工程，一步

步完善了整治建设,进一步提升了村庄的品质,实现了"村即是景、景即是村"的目标。现如今,人们一走进梅山村,就能见到河水微波粼粼,岸边杨柳依依,山坡果木丛丛,房屋错落有致,一派文明、生态、现代的新农村景象。

连续几轮整治使梅山村变得整洁美观,但增强村庄的生机和活力,一直是梅山人孜孜以求的目标。探索始于2015年,村里把改造的重点选在废弃多年堆放杂物的大礼堂。这栋老建筑凝结着村民的乡土记忆,也具有乡村活动场地的功能。村里决定在保留乡土风味的同时,赋予空间新的功能。这一提议得到了村民的认可,大礼堂很快就变了样,曾经堆满杂物的空间被分割成多个功能区,打造出集村民文化活动、乡村图书馆、乡村电影院、土特产展销平台等功能为一体的乡村客厅。还是记忆中的老礼堂,但比以前更实用、更美观了,家里来了客人,村民们也都喜欢带到这儿来坐一坐、歇一歇、喝喝茶。以前一到晚上村里几乎没人走动,整个村子静悄悄的,大礼堂改造后,村民常来这里看电影看书,有时夜深了还很热闹。激活大礼堂的尝试,给了梅山人启发,越来越多保留乡土风味的改造试验开始在村里上演。破旧的村祠堂,被改建成了村文化礼堂;祠堂入口处的古戏台,如今翻建一

新,成了村民娱乐的好去处。沉寂已久的梅山村变得越来越生动,不少在外谋生的村民也回来了,通过种植水果、发展乡村旅游,在家门口赚钱。四面八方的游客更是不断涌入,每逢周末,民宿房间都被预订一空。把"乡土味"作为最好的资源,做足留存和提升的工作,使一个没有突出资源禀赋的村庄保留了韵味、做出了特色,激发出新的发展活力。梅山村的"活化实验",为其他村提供了一条可借鉴的路径。

和善家风传千古,梅山人世代牢记家规祖训,自觉奉行"遵纪守法、勤劳致富、邻里和睦、生态文明、生活风尚"的原则,探索出一条德治与法治相互融合的基层自治道路,全村上下处处洋溢着讲诚信、讲公平、讲奉献的良好乡风。好风气带来好环境,好环境带来好项目,该村借势借力,以休闲旅游为突破口,树立"村庄经营"理念,统筹布局新农村建设项目,让投入的一砖一瓦、一草一木都成为集体经济新的增长点。村里通过"租景入股+固定分红"的方式,将梅花山庄、国家级垂钓基地、山顶茶馆、大会堂、小木屋和茶园等周边资源进行有机整合。随着精品民宿的进入,旅游人气的旺盛,极大地推动了民宿和餐饮经济的发展,打开了农副产品的销售局面,给村民

(照片由胡陈乡提供)

带来实实在在的客观收入。目前该村三分之二以上的村民直接从事乡村旅游业,村民户均年收入超过 8 万元。曾经"脏、乱、散、差"的边远落后村,成为"净、洁、齐、富"的文明先进村。

2010 年,梅山村开始探索垃圾分类工作,得到了大部分村民的支持,但要改变部分人固有的习惯,还需要更多的努力。村里打破传统模式,让村民做到"一人带动一家、一家带动一片",使垃圾分类融入大家的生活。为了刷新村民的思想观念,村里专门建起了体验中心,里面的桌椅沙发都是由废旧物品改造而成,大到家具,小到各类小摆件,通过巧妙的设计、适当的改造,"重生"的"垃圾"让人啧啧称奇。村里还推出了绿色积分制的奖励办法,垃圾清运员会根据桶内垃圾分类情况分等级打分,得分情况会传输到系统终端,村民可在智能分类自助查询机上查询每天的积分获得情况,持卡到村内绿色积分超市兑换日常用品。

如今,原先放置在角角落落的 40 只大垃圾桶不见了,全村实现了垃圾分类的智能化管理,家家户户都有1只装有芯片的家用智能垃圾桶,每天下午5点到晚上9点之间,清运员开着智能采集清运车来收集垃圾,村民只要将自家垃圾桶放置在清运车的称重扫码区域,就能自行完成称重、读卡,村民的参与率已达到96%,真正实现了"垃圾整村不落地",村庄环境更加干净美观。

梅山村的钓鱼基地远近闻名。村里的飞凤塘水面宽阔、景色秀丽,静悄悄地躺在山脚下,当时谁也没想到,日后这里会变成国家级垂钓基地。2014年,村里在考虑如何将运动休闲项目搞起来时,还专门开展了大讨论,村民们设想了好几个项目,最后都觉得不大合适。就在众人一筹莫展时,有位回村探亲的村民给出了建议:搞钓鱼,这么好的水塘放着也是放着。一语惊醒梦中人,梅山村的大部分村民都是渔民的后代,出海打渔、钓鱼都是祖上传下来的看家本领,而飞凤塘又具备得天独厚的自然条件。说干就干,很快梅山村垂钓基地正式落成,成为当时浙江省内屈指可数的符合国家级标准的钓场。几年来,梅山村成功举办多场重量级的钓鱼赛事,小山村成了钓

鱼村，在增添了人气的同时，还成了撬动农村经济的新杠杆，通过服务外包引进社会化企业运行，逐步走出了一条"运动+农业"增效的路子，带动了周边村落的餐饮、住宿的发展，农家乐生意火爆，民宿一床难求，农特产品更是成了抢手货，钓竿、鱼饵等垂钓运动衍生经济也方兴未艾。

接下来村里还将组建一支专门的队伍，承接赛事组织运营。原来这些事情都是外包给企业做，以后也可以自己做，给年轻人搭平台，把体育赛事办得更出彩，吸引更多在外打工的村民回乡创业。也通过文旅产业的发展，使更多的人来村里旅游度假，体验美丽乡村的无穷魅力。

037

宁海县许民村
苦干实干加巧干　石屋古村好风光

　　许民村位于宁海县茶院乡西部山区,由 5 个自然村组成,区域面积 5.3 平方公里,有耕地 821 亩、山林 3008 亩,有农户 860 户、人口 1720 人,有党员 49 名。近年来,许民村遵照"绿水青山就是金山银山"的发展理念,将村落保护与旅游开发相结合,把一个破旧的穷山村,打造成了远近闻名的"美景村""网红村",获评中国历史文化名村、国家 3A 级景区村庄,中国首批休闲游基地、中国特色民俗古村、中国传统村落、中国最美村镇等。

　　许民村的历史可追溯到南宋末年,至今已有 700 多年。村庄最主要的特色就是石屋和 500 年以上的古树,是宁波市内现有建筑群规模最大、保存最完整的石屋古村,也是浙东沿海山地石屋建筑群落的典范。石屋建造独特,弯弯曲曲的卵石路串起整个村庄,具有浓厚的山村气息,风景十分宜人。其中的许家山自然村,不仅保存着完整的石屋古村,而且还延续着传统的生活方式,比如制番薯粉、做番薯烧酒、捣年糕、做竹编等,一年四季都吸引着各地的游客和摄影爱好者。

　　然而在 10 多年前,许民村还是一个债务多、矛盾多、光棍儿多的"三多村",村里没有像样的道路,村民缺少致富门路,年轻劳动力大量流失。2006年,新一届村领导班子上任后,克服了基础差、位置偏、资金不足等困难,走出了一条"党建+旅游"特色发展的路子。现在,许民村已经变为收入多、荣誉多、游客多的"新三多村",村民人均年收入从2006年的3460元增长为2020年的37500元。2020年游客量为60万人次。

许民村立足本地特色产业优势、旅游资源优势,通过党员联户功能,引导村民实现优质农产品统一规范生产、统一包装宣传、统一规范销售,打造"许家山"品牌,积极推动农家乐、特色民宿等项目的建设落地,提高了村民在家门口就业的可能性。把石头文化、石村党建、石头美景结合起来,打造多条红色旅游特色线路。同时将村里旅游资源串点成线、连线成面,形成了红石谷红色旅游区域,真正从村庄"一点红"到"一线红",再到"一片红"。

抓住强村富民这一根本,推动农村发展方式实现转变,挖掘石头迷宫、

月季花海、藏书阁、博物馆等多个项目,实现村级集体经济从弱到强的跨越。全面完成道路拓宽、农村生活污水处理、生态厕所建造、古道修复、村内游线改造、停车场修建、公墓迁移、农田整改等 10 多个基础设施项目,逐步完成对宗祠、古戏台等 10 余处文物保护点的修缮保护工作。短短 10 来年,村庄发生巨大的变化,原来狭窄的机耕路变成了宽敞漂亮的柏油路;

原来残旧失修、缺乏人气的老房子,变成了带着美丽乡愁的古建筑;原来枯黄破败、杂草丛生的山林,变成了郁郁葱葱的园林。

许民村紧紧依托石头村的资源禀赋和优质特色农产品,把培育壮大旅游产业作为村庄发展的首要任务,坚持"引进来"和"走出去"并重,把好的项目引进来,把剩的土地用起来,为发展腾出空间。通过多种形式与知名运营商合作,吸引总投资 1.6 亿元,引进了石头博物馆、高端民宿、房车露营基地、帐篷酒店等旅游项目,逐步形成高端民宿集聚群。连续 6 年举办许家山石头文化节,通过"村集体 + 村民"等形式,改"为雁筑巢"为"引雁归巢",广邀"致富能手"回乡创业。目前,回归的乡贤在村里共开设农家乐 8 家,直接从事农家乐的村民有50多人,合计年收入超过160万元。

许民村将文化礼堂建设纳入村庄规划的总体布局中,注重挖掘特色、整合资源、创新实施"礼堂+"模式,将文化礼堂打造成集文化设施、文脉传承、文明传播于一体的综合性文化载体,为乡村振兴提供原动力。文化礼堂注重日常生活空间、公共活动的营造,除了用于村民自治活动外,借助"文化+教化"的模式,在节庆活动、志愿服务、文艺培训等方面下功夫,让文化礼堂成为以农村社区为单位的文化共同体。依托"我们的节日"等文化载体,在节日节点前后举办各类活动,深受村民欢迎。除了民俗活动外,还有科普知识讲座、宣讲活动、国学文化教育等各类活动,不断提升农村群众的科学文化水平,提升乡村的气质,为乡村振兴助力加码。

以文化礼堂为基点,设计出"礼堂+旅游"的乡村旅游路线图,深挖本地特色旅游资源,通过文化礼堂将景点、民宿、农家乐等串联起来,拉动本村经济发展,催热乡村经济。在旅游节日到来时,文化礼堂还变身成为山村农

产品销售中心、体验性民俗项目设置点。石屋古村、石道小巷历经百年洗礼，水晶汤包、番薯面、酒糟红钳蟹特色鲜明，捣麻糍、做米胖糖等年味十足。在文化礼堂设置了"石话实说"村史馆及"全奖"学习馆，将文化礼堂打造成为游客参观的第一站，不仅让游客更加了解村庄历史，还能让他们了解后续的行程，以便更好地在村里参观。

许民村"脱胎换骨"的发展，离不开原村支书叶全奖。2006年，怀揣着振兴古村的梦想，叶全奖听从组织的召唤，毅然辞去乡办企业副厂长的职务回村任职。从当村支书的那天起，他就为村庄的建设发展去谋划、去招商、去奔波，倾注了全部的精力和心血。他坚持真诚待人，不畏难不退缩，在任期间，一刻不忘曾经许下的诺言，"当干部，就要让村民过上好日子"，展示了精诚所至、金石为开的为民情怀。他为了村庄的发展，积极争取上级各项专项资金1700多万元，先后完成中国传统村落等创建工作，积极发挥"红色全科网络"的功能，集中化解了一批矛盾，并提炼总结出"全奖工作法"，即"四全双奖"，"四全"指全员聚力强村、全域发展兴村、全面融合治村、全心为民富村，"双奖"即力争获得更多组织褒奖、群众夸奖。

疫情期间，他不顾痛风和心脏不适，带领党员干部坚持守卡点、看"小门"，走村入户做好疫情防控工作。复工复产后，他又积极争取项目资金支持，顺利重启旅游项目和开放式组织生活基地提升等工程，每天为村庄的发展奔走忙碌，连续奋战在防疫复工第一线，冲锋在前，殚精竭虑，直至生命的最后一刻，真正做到了鞠躬尽瘁，以身许民。其事迹被广泛宣传报道，并被授予"浙江省优秀共产党员"和"宁波市优秀共产党员"荣誉称号，近期又当选"中国好人"，体现了人们对他的赞誉和褒奖。

下一步，许民村将坚持基层党建和特色旅游双轨并进、互融共促，致力于打造一个具有石村特色，集山村体验、文化交流、疗养度假、休闲运动、娱乐购物等功能为一体的山村休闲旅游区。

宁海县南岭村
农旅结合拓新路　生态宜居美山村

　　南岭村位于宁海县桑洲镇最南边,地处宁海、三门、天台三县交界处,区域面积1.56平方公里,有耕地524亩、山林1705亩,有农户288户、人口745人,有党员30名。近年来,南岭村以建设美丽乡村为目标,把打造美丽宜居村庄与生态建设、乡村旅游等结合起来,走出了一条文旅结合的新路子,获评浙江省美丽乡村特色精品村、浙江省3A级景区村庄、宁波市文明村、宁波市最洁美村庄、宁波市美丽庭院村、宁波市十佳旅游村等,是闻名省内外的油菜花基地,被游客和网友誉为"华东十大最美赏花胜地"之一。

　　别看南岭村现在鲜花盛开、生机勃勃,它曾经也是一个破旧不堪的"薄弱村",大山层层叠叠的褶皱,阻挡了通往山外的康庄大道,经济发展滞后、基础设施陈旧、村庄面貌落后,青壮年纷纷外出务工,许多村民还搬离了村子,村里一半以上的老房子长期空置。到21世纪初,全村常住人口已不足百人,而其中绝大多数是老弱妇幼,南岭村成了典型的"空心村"。

　　改变是从新农村建设开始的,南岭村被确定为美丽乡村示范村的创建村。抓住这一难得的机会,南岭村适时启动了村庄规划,着手打造富有特色

的"花语小村"。2014年,从拆除220个露天粪坑入手,南岭村开启了摘除"脏乱差"帽子的蝶变之旅。经过一年的奋战,拆除危旧房3000平方米,硬化道路3000平方米,建设排水设施1000余米,村庄及庭院绿化2500平方米,新建公厕6个。道路整洁了,院落干净了,村民的卫生习惯大为改观。美的房舍、美的村巷,唤起了村民对美的追求。有村民把自家废弃的猪槽、陶罐、酒坛装上泥土,种上各色花草,小院一下子漂亮起来。全村家家户户竞相仿效,一时间南岭村农家院落姹紫嫣红。

南岭村的村庄建设是循序渐进、稳步向前的,该村充分利用了村庄环境整治提升工程、精品村打造、美丽乡村示范村建设等政策,通过拆危房、拔粪坑、除废弃、清沟渠、整立面等整治措施,村庄环境由原来的"脏乱差"转变为"洁净美"。通过加强村民活动中心、生态公厕、村内道路、照明路灯等硬件建设,村级公共设施得到极大改善。通过规划设计,建了休闲活动广场、景观池塘、观景平台、游步道等旅游设施,为乡村旅游发展奠定了基础。

南岭村以油菜花出名。当年许多人外出打工后,山坡上的梯田一度荒

废了。后来村民就播撒了油菜籽，一块块、一垄垄，长势喜人，花季来临时，油菜花在春日的阳光下明晃晃的，整个村庄都弥漫着沁人的香气，吸引了一批又一批的游客纷至沓来。村里趁机办起了油菜花节，寂静的小山村一下子涌进了几万人，漫山遍野的鲜花和清新怡人的空气，让游客流连忘返；山泉水泡出的香茗和村民家的土特产，更是让游客爱不释手。

设施的改善、环境的提升、油菜花节的举办，吸引了大量的游客来村里观花、品茶、休闲。村民看到了商机，种了一辈子地的村民，开始了人生中最重要的转型，有的开办农家乐，有的建民宿，有的在淘宝上开直销店，经销各类农副产品。环境美了，人气旺了，人心齐了，村庄活了。村里除了继续打造好400余亩梯田油茶花，开始在精品茶叶、彩色水稻、特色水果等上做文章。村庄的快速发展吸引了原先在外打工的木匠、泥水匠、石匠以及其他年轻人的回归。从"一脚一身泥"到"一眼一处景"，从"一人一亩田"到"产

业大集聚",短短几年时间,偏僻山村实现了从"薄弱村"到"网红村"的华美蜕变。目前,全村常住人口已达200多人,增加了一倍多。

南岭村充分利用开发红利,盘活现有资源,依托自身条件寻找突破,在"村委承租、政府招商"的精品民宿联合开发模式下,将经营收益转化为集体固定资产增值,逐步形成村集体出地、政府出项目政策、社会资本出资金的良性循环,探索出了集乡村观光、休闲、旅游、度假为一体的"农旅融合"发展模式。连续举办了油菜花节、茶艺赛、品茶会等活动,也参与了国家农业部等主办的"美丽乡村快乐行"活动;利用村内保存完好的四合院古民居,引进社会资本开发精品民宿。目前村里已有"南山楠"等4家精品民宿,客房50余间。依托文旅公司、精品民宿等平台,对当地农副产品进行深度开发销售,提高附加值,拓展乡村旅游产业链。随着村庄的发展,村民对村容村貌提出了更高的要求。"村组道路户户通、水系沟渠条条清、庭院两旁花草艳,古建开发当慎行"。为了突出农家特色,用竹篱笆代替砖石围墙;对古建筑的改造,必须经过专业部门的指导,进行保护性开发;并树立品牌理念,设法提高景观的附加值和含金量。

南岭村以基层党建为抓手,夯实干部队伍,为村庄整治建设、乡村旅游发展、集体经济壮大等重点领域工作提供了最强执行力保证。对拆迁、土地征收、民宿开发承租等难点工作,村干部齐心协力,抢抓完成,在短时间内跑出了美丽乡村建设的"南岭速度"。村干部及时排解纠纷,确保"小事不出村、大事不出镇",为经济社会发展提供良好的环境。根据精品村建设方案,南岭村建成了南山文化广场、谷神广场、乡村民宿观景平台、150米木栈道和8公里游步道等项目,打造了黄金谷大地、滴水岩、南山古村等景观,偏僻山村脱胎换骨,有着400余年历史的古村开始绽放出最美的笑颜。节假期间,南岭村的民宿天天爆满,住客在客厅或阳台品茗聊天,一抬头就可以看

见苍翠青山,尽情呼吸着新鲜空气,在青山绿水间享受着闲适和惬意。

2018年,电影《春天的马拉松》以南岭村为主景地。随着电影的播放和"小微三十六条"经验的推广,南岭村更是名声在外,不但慕名而来的游客日益增多,还带动了好几个剧组来此拍摄。目前的南岭村正在加快发展脚步,力争走出一条不忘本来(立足自身资源)、吸收外来(引进工商资本)、面向未来(运用市场化、"互联网+"思维)的美丽蝶变之路。作为"诗画桑洲"的核心景区,南岭村将全力打造"南山花语小村",进一步发展民宿经济,做强乡村旅游,继续挖掘乡村独有的资源,包括山水田园、民俗风情以及独特的地形等,并在此基础上做好顶层设计、系统规划,把优势做成强势、做成品牌。

039

宁海县下畈村

乡愁记忆中　田园诗画里

下畈村位于宁海县岔路镇北边,区域面积0.1平方公里,有耕地258亩、山林1115亩,有农户168户、人口470人,有党员24名。近几年来,下畈村通过新农村环境整治提升工程和垃圾分类工作,使村容村貌焕然一新,取得了丰硕的成果,获评全国乡村治理示范村、国家级绿色村庄、浙江省文明村、浙江省民主法治村、浙江省卫生村、浙江省农村示范社区、宁波市先进基层党组织、宁波市全面小康建设示范村、宁波市最洁美村庄等。

下畈村"七山两水一分田",是一个自然环境良好、村庄景色优美的小山村。该村绿化覆盖率高达22%,自然资源丰富,气候宜人,两条清澈的溪水穿村而过,村中的松树林笔直矗立,竹海葱郁、小桥流水,是典型的悠闲舒适的田园村庄。尤其是村中那棵声名远播的老樟树,已有500多年的历史,枝繁叶茂,生机盎然,巨大而优美的树冠郁郁葱葱,是村民休闲健身的好去处,荫泽了一代又一代村民,也吸引了众多游客来此驻足观赏,大家无不惊叹,因为从来没有见过造型如此优美别致的大樟树。但很难想象,就在几年前,这里还是一片杂草丛生、蚊蝇滋生的景象,村里大大小小的粪坑有100

多个,私搭乱建现象严重,村里不仅没有钱,还欠了七八万元的债。

下畈村的面貌改变缘起于全省开展的"千村示范、万村整治"行动。村庄整治涉及拆除违建,个别村民意见很大,一时间阻力不小。村干部就从自家亲戚的违建房屋开始拆,紧接着是党员、村民代表的,最后是群众的,之前推不动的项目,在干部的带领下,几天内就拆除违建房屋38处,清理露天粪坑98个,村里的环境面貌大为改观。下畈村的美丽"蜕变"源自宁波开展的农村环境卫生集中整治行动,按照市里的统一部署和要求,下畈村向积累多年的垃圾山、臭水沟开战,干部群众齐动手,男女老少都上阵,经过短时间的集中突击,村庄中的垃圾搬走了,房前屋后的杂物清除了。在此基础上,村里又组织村民开展了美丽庭院创建活动,家家户户纷纷利用自家的小院子种植了红枫、红梅、紫藤等,四季花开、绿意盎然,不仅赏心悦目,还带来一定的经济收入,助推了农村旧貌换新颜。

下畈村是较早开展生活垃圾分类的村子,2014年,该村就成为宁波农村垃圾分类工作试点村。为便于垃圾投放,村里设立了15个垃圾投放点,每个投放点都放置了不同颜色的垃圾桶,引导村民分门别类投放,同时村里还给每家每户发了2个小垃圾桶,每个月给每户人家发放60个垃圾袋。一开始也有村民没有做到垃圾分类和定时投放,为使村民尽早做到垃圾分类,村里又把发放给村民的垃圾桶和垃圾袋都进行了编号,便于督促检查。村里的女党员、女村委和女村民主动请缨组成了妇女督查小组,在每月的5日、15日和25日,定时对垃圾投放情况进行检查,对于未按标准投放的,就挨家挨户地上门走访、督促改正,最终使大家都能自觉按照规定分类,定点定时投放。为解决厨余垃圾的困扰,村里还专门购置了一台餐厨垃圾生化机,将厨余垃圾通过粉碎、脱水、加入活性菌发酵成褐色的有机肥料,不仅可以肥田,还能产生良好的经济效益。目前,垃圾分类已成了村民良好的生活习惯,可以说人人都能算得上半个专家了。每天下午4点到7点,村民把垃圾分类装袋后,投放到就近的垃圾投放点,第二天上午8点前,村里的保洁员准时将投放点的垃圾清运完毕。现在,村庄内的大道和小路上,

已经看不到任何垃圾,宣传垃圾分类的招贴画、知识板报和垃圾分类的打分表等,张贴在醒目的位置。垃圾分类在下畈村取得了实实在在的成效,如今村民的意识已经提高到看到路上有烟头也会自觉捡起来的程度。眼下,下畈村已经进入到垃圾分类的智能时代,村民每户有张电子卡,刷一下就可以知道垃圾分类的情况,做得好的农户有积分,可以到村里兑换奖品和参加评先活动。

下畈村还是推进村级小微权力清单制度的首批试点村,村里积极探索构建农村小微权力规范体系,创新推出了村级小微权力清单"三十六条",使村级小微权力首次有了明确的边界。如按"三十六条"的规定,但凡村级重大事项必须经过"五议决策法"进行决策和实施,即经过党组织提议、三委会商议、党员大会审议、村民代表会议决议、群众评议的程序,并由村监委全程监督。村民随时可参加,全程公开。"三十六条"推行以来,说闲话的村民渐渐没有了,闹事的村民也销声匿迹。而随着决策产生、实施过程的完

宁海县下畈村

全公开透明化,村干部和村民之间的信任感不断增强,村民参与议事的氛围也越来越浓厚。

下畈村村委会设有一个公共法律服务点,由法官、农村法律顾问、民警、村监委主任、人民陪审员、人民调解员等相关志愿者"坐诊",为村民提供现场矛盾调解、纠纷调处、法律咨询、问题解答等服务。同时村里还试行开办了"法治诊所",将"法议"作为村民代表会议决议前的必需程序,在村级重大决策过程中产生的书面材料,均交由"法治诊所"的律师进行把关,确保村级事务决议内容合法合规,为乡村振兴和"千万工程"的实践提供了法律保障。村里还建立了村级公共法律服务微信群,村民在家动动手指,就可以咨询法律问题,真正打通了公共法律服务的"最后一公里"。村里注重法治和德治并举,结合地域文化特色,开展文明村创建、"慈孝家庭"评选等活动,依托法治文化阵地建设,以群众喜闻乐见的文艺形式,普及弘扬法治文化。2019年6月,全国法治乡村建设现场会代表们实地考察了该村,全面展示了乡村治理样板的风采。

下畈村既有古宅、古树等自然资源,又有以葛洪文化、慈孝文化为代表的人文资源。凭借着丰富的山水人文优势,下畈村以"乡村记忆、诗画下畈"为目标,建立生态制度,发展绿色经济,打造"看得见山、望得见水、记得住乡愁"的美好家园,建设了嬉水平台、湿地栈道、景观大道、樟树广场等景点,推出了养生、美食、休闲、观光、特色民宿等产业,大力推进新农村建设与保护自然生态发展、农村经济有机结合的实践,真正让"绿水青山"变成"金山银山",实现了村庄健康、有序、良性地发展。

下一步,下畈村准备和几个村串起来,开辟一条红色旅游线路,在线路上布局新的民宿,开办农家乐,进一步发展旅游产业,提高村民收入,把下畈村建设成为宜居、宜业、宜游的幸福美丽新家园。

宁海县葛家村
创意点亮乡村　艺术助推振兴

葛家村位于宁海县大佳何镇东南方,区域面积 6.5 平方公里,有耕地 691 亩、山林 9543 亩,有农户 698 户、人口 1596 人,有党员 42 名。从 2019 年开始,葛家村可以说是一夜爆红,中国人民大学艺术学院副教授丛志强的团队走进葛家村,开展了艺术与乡村融合的社会实践活动。短短几个月时间,葛家村的村庄面貌和村民的精神面貌就焕然一新,发生了巨大的变化,葛家村从一个默默无闻的偏远小山村,成了各路媒体竞相采访报道的"网红村"。葛家村的实践,探索了一条全新的途径——艺术振兴乡村,就是用创意点亮乡村、靠艺术助推振兴,把乡村建设得更美丽、更和谐、更有情调。

丛教授团队第一次来,就在葛家村住了 12 天;第二次来又住了 20 多天。他们每天吃住在村里,研究在村里,创作在村里,与村民进一家门、成一家人、说一家事、干一家活,完全把自己当成了村民。扎下来才能做起来,只有这样一竿子深深地扎到村子里,才能真正把事情做起来。丛教授团队一到村里,就挨家走访农户,与村民促膝谈心、拉家常,与村民交朋友,了解

村民的愿望和需求。他们提出的方案符合村庄的实际和村民的意愿，不搞大拆大建推倒重来，而是因地制宜、就地取材，花最少的钱，办最多的事。并且在设计和建设的过程中，充分听取和吸收村民的意见。融进去才能见真情，凭着他们的真心、真才、真干，很快就融入村民的生产生活之中，得到了村民的理解和接纳，加上镇里和县里的充分认可和大力支持，改造之路愈发顺利。

丛教授团队刚到村里时，也是先由村干部召集村民来听课。他们特意设计了PPT，讲理念、说案例，介绍其他村庄的成功经验。但村民不理解、不愿听，最后变成不来听。甚至有人怀疑丛教授是来骗钱的，讲几堂课拿钱就走了。丛教授马上发现问题，改变做法，放下PPT，改先讲后做为先做后讲、边做边讲、边讲边做。团队和村民一起动脑筋、想办法、搞建设，以融合设计的理念、就地取材、因地制宜，不仅设计打造出了千年画廊、玉兰王院、

宁海县葛家村

仙绒美术馆、桂知苑等40多个共享艺术空间,改变了村容村貌,还培养出了许多村民艺术家,培养了村民的艺术素养和创造能力,打开了村民身边的艺术殿堂之门。接地气才能见实效,丛教授团队的理念和实践能够实现,并得到村里和上级的认可和支持,正是因为符合了村庄当前的发展实际,顺应了村民对美好生活的需求。

艺术助推振兴的关键是要让艺术回归生活。以艺术为支点,让村民发现美、创造美,以美为善、以善为美,从而促进乡村文化、文明、文创、文旅等全面振兴。艺术具有启蒙的作用,它本身就存在于民间,而且老百姓本身就有许多艺术细胞,农村本来就有很深的艺术根基。在这种"原来艺术就是这样,原来我也可以做,而且能做得更好"的全新认识下,村民参与的热情高涨,主动性、创造性得以充分发挥,潜在的艺术细胞被充分激活,于是在他们手中,竹子、木头、鹅卵石以及各种布匹的边角料等,都可以变成竹帘、竹

灯、凉亭、花园、布娃娃、玩偶等艺术品。

　　艺术能打开村民的心灵,改变村民的精神世界。现在村民物质生活条件好了,对精神文化生活有着更高的要求。通过物质的改变、村容村貌的改变,触发并促进了村民精神面貌的改变,在村庄面貌改变的同时,村民的精神世界也换了样子。现在的葛家村,邻里关系更融洽、和谐氛围更浓了,有的村民主动拆除与邻居家相隔的院墙,使庭院景观相互贯通;有的邻里间摒弃十多年的前嫌、重归于好,互相取长补短,改造相邻的庭院。更讲品位和品质了,家家户户自己动手设计村庄、改造庭院、美化家园,村民乱扔垃圾的现象也基本没有了。村里的凝聚力更强、向心力更足了,原本破破烂烂的角落,村里要改造成小公园,涉及的村民全部同意,并拿出自家的宅基地,提供给村里使用。在村里的项目实施过程中,丛教授团队让艺术与乡村碰撞融合,点燃了村民的激情,激发了村民设计乡村、建设乡村的内生动力,使整个

村庄迸发出前所未有的活力,唤醒了沉睡的自然资源和文化资本。这种内生动力一旦爆发,就像火山爆发一样,产生巨大的能量。村里家家户户、男男女女、老老少少齐动员、齐上阵、齐干活,改造村庄,美化家园,扮靓生活。不仅提升了乡村的品位,也让领导班子精诚团结,干群关系和睦,群众获得感和幸福感骤升。

农村是农民的,村民才是实施乡村振兴的主体。葛家村的实践破解了干部干群众看、政府大包大揽的困局,将艺术设计与农村生产农民生活相融合,把艺术设计创造做到关系村民直接利益的项目中来,既让村民看得到、学得会、做得来,也让艺术成果留下来、用起来、维护好。要从小事情做起、具体事情做起、群众身边事情做起,让大家看到:有钱的村可以做,没有钱的村也可以做;有钱的村民可以做,没有钱的村民也可以做。正是这样齐心协力、踏踏实实地努力,才使得如今的葛家村万众瞩目,村民过上幸福的生活。丛教授团队走进葛家村,一开始就是让村民成为主角,变被动为

主动,把艺术真正地植入到村庄和村民之中,真正地使他们发挥作用,去追求艺术的美,去追求生活的浪漫。设计团队是点拨者,是启发人,通过设计和艺术,把乡村内在的美和文化挖掘出来,赋予其崭新的样式,体现村庄的特色,再呈现给村民、社会。艺术家走了,村民仍旧会有生生不息的创造力,村庄仍然会有延绵不断的生机和活力。"村看村、户看户、群众看干部",干部可以带领村民干,村民也可以带动村民干;本村可以带动,外村也可以带动。丛教授团队进驻葛家村,使艺术和乡土的碰撞擦出了绚丽的火花,村民既是设计者、建设者和受益者,也是传播者、推广者和维护者。丛教授团队进村时只有4个人,到项目结束时,已有78名村民共同参与设计,分成布艺、木工、瓦工等7个设计组,并开始向外派出人员帮助周边村庄进行艺术设计和建设。

目前,葛家村已经与周边一些村庄签订了合作协议。接下来,葛家村作为中国人民大学艺术学院乡村振兴实践基地,将在更广阔的施展艺术创新理念平台上,不断培育和输送更多的优秀乡土艺术家,为美丽乡村建设出一份力,在持续推进艺术振兴乡村建设中发挥更大的作用。

041

宁海县岭口村

万朵千枝满谷中　和美诗村扬新风

岭口村位于宁海县西店镇的西部，由两个自然村合并而成，区域面积8.55平方公里，有耕地1150亩、林地3500亩，有农户607户、户籍人口1560人、外来人口605人，有党员70名。村内古树参天、小桥流水、亭台楼阁、人杰地灵，是一个远近闻名的文化村落。近年来，岭口村在加快经济发展的同时，坚持紧抓文化建设，营造了风清气朗的良好氛围，获评全国文明村、浙江省卫生村、浙江省民主法治村、浙江省农村基层党风廉政建设示范村、浙江省群众最满意的平安村、宁波市先进基层党组织、宁波市全面小康建设村等。

岭口村能有今天的发展，关键在于历届领导班子齐心协力，发扬民主，一届接着一届干，带领群众一起干。在开展新农村建设筹集资金时，班子成员、党员带头捐款；工程建设过程中，村干部分工协作，各司其职，管理有序。一些曾经担任过村干部的老党员也随叫随到，积极参与其中。每当碰到难事、棘手的事，村干部总是第一个站出来，冲在最前面，敢说公道话，敢于硬碰硬。村干部的表现，赢得了村民的信任和支持，"村里的事就是大家的事"，

（照片由西店镇提供）

这成了全体村民的共识。村民们不仅出钱出力支持村里的建设，还主动为新农村建设出谋划策。在岭口村，村里的大事都在广泛听取和吸收群众的建议和意见后才施行。干群同心，让岭口村迸发出活力。

岭口村民风淳朴、邻里和睦，村民们都引以为荣。最让村民津津乐道的就是"六和"理念。"六和"指的是夫妻和、婆媳和、邻里和、新老和、干群和、人与自然和。自提出"六和"理念以来，村里大力推进移风易俗，彻底改变农村陋习，提倡社会新风，以"和文化"滋养提升乡村文明，持之以恒地打造安居、宜居、美居的和谐新农村，取得了明显的成效，走出了一条村庄建设与治理的独特路径，创造了60年矛盾不出村的佳话。

岭口村积极倡导家庭践行社会公德，奉行家庭美德，把夫妻关系和谐列入村规民约，对夫妻关系不和的家庭，在各类各级先进推选中实行一票否决制。村里连续多年组织开展"教育好夫妻""创业好夫妻""敬老好夫妻""勤

宁海县岭口村

俭好夫妻"评选活动,并在村庄中进行隆重的表彰和广泛的宣传,大力弘扬正能量。村里积极发挥老年协会、和谐促进会等各类群众组织的作用,经常组织各类邻里互助和交流活动,营造"守望相助"的邻里亲和风气。还通过开展创作村歌、道德实践等活动,把"和为贵"的理念渗透到村民群众的生活之中。

岭口村工业经济较为发达,全村有500多户家庭创办了近百家企业,村民的收入节节攀升。在全民创业、充分就业的同时,也有600多位外来务工人员在这里工作和生活。该村把新岭口人素质提升纳入到村精神文明建设,吸收新岭口人参与村庄的管理和公益性的事务,增强他们的认同感和归属感。在公共服务上,保障新岭口人的基本公共服务权利,文化礼堂、农家书屋等公共设施同步向他们开放。外来人员碰到

就诊看病、子女就学等难题,村里及时伸出帮助之手。人性化的关怀,让新岭口人安居乐业,促进了村里企业员工队伍的稳定和企业的不断发展壮大。

与此同时,村里以"发案少、秩序好、社会稳定、群众满意"为目标,将平安建设作为社会管理综合治理的重要举措和民心工程,建立完善了工作网络、工作程序、工作制度,强化了排查调处矛盾纠纷的工作机制,广泛开展了一系列的创建活动,以网格化管理、组团式服务为载体,形成了"小事不出组,大事不出村"的工作局面,为维护社会稳定,构建诚信、平安村,创造了良好的社会治安环境和秩序,赢得了干部群众的一致好评。在岭口村阆风桥旁,有一条古色古香的路边长廊,被称为"聊天长廊",是村民每天聊天的好地方。近几年,聊天长廊加入了"新角色",镇村干部成了常客,除了宣传党的方针政策,他们还倾听村民心声、收集民情民意,聊天长廊焕发出新的生命,有了新的内涵。在这里,一个又一个纠纷隐患在宣讲聊天中被发现,一桩又一桩

事件被合力破解,为村庄的发展营造了更加和谐稳定的社会环境。

　　弘扬传统文化,建设"阆风故里、醉美诗村",是岭口村打响的口号,也是乡风文明建设的文化载体。作为有着1150余年历史的古老村落,书香门第荟萃,尤其那"无诗莫入阆风里"的诗句,脍炙人口、影响深远,昭示着浙东独有的文化特质和魅力。历史名人资源是先贤留下的宝贵财富,也是岭口村文化资源独特的优势。近年来,岭口村加强村落文化建设,挖掘整合名人资源,打出名人品牌,发挥名人效应,弘扬名人文化,极大地提升了村庄的知名度和影响力,在村庄建设和发展中起到了重要的作用。行走在岭口村,雕梁画栋的凉亭、参天的古树、设施齐全的健身场所等,无不体现着一股扑面而来的文化气息。尤其在流经村庄的五市溪两侧,墙上写满了舒岳祥的诗词名句,彰显着古村落的人杰地灵和文化底蕴。现在,围绕舒岳祥的一系列创意项目,已经逐步变成现实。在村南边香岩石山脚下,占地50多亩,投资900多万元的篆畦园和阆风公园经过几年的建设,目前已基本建成为

了古村落的文化地标,也是游客参观游玩和村民健身休闲的好去处。为满足新老岭口人的精神文化需求,村里还以民间文化团体为媒介,通过诗词协会、诗社、越剧团等组织送文化进村,设立培训教育基地,培育不走的文艺骨干。目前村里有腰鼓队、高跷队、舞蹈队等多支文体队伍,每当到春节、妇女节、重阳节、端午节、国庆节等重大节庆和假日,各个团队和文艺爱好者都会自编自导自演文艺节目,为村民送上文化大餐。

  下一步,村里将依托优美的生态环境和深厚的文化底蕴,引进民宿发展旅游休闲经济,打造岭口村绿色生态旅游圈,进一步壮大集体经济。

042

宁海县双林村

发挥绿水青山优势　奏响文明和谐新曲

　　双林村位于宁海县桥头胡街道,由 2 个自然村合并而成,区域面积 4.8 平方公里,有耕地 210 亩、山林 6661 亩,有农户 263 户、人口 692 人,有党员 29 名。近年来,双林村立足优势资源,打造特色产业,通过旅游兴村走出了一条强村富民的大路,社会主义新农村建设日新月异,获评浙江省生态旅游名村、浙江省特色旅游村、浙江省全面小康建设示范村、浙江省文明村、浙江省卫生村、浙江省民主法治村、浙江省农家乐特色村等。

　　双林村隐匿于群山之中,汶溪从东海云顶顺流而下,从村中蜿蜒穿越而过,村中绿荫照溪、空气清新。村内的民居沿溪而建,一幢幢小别墅,风格别致、不输都市,一眼望去恍若进入世外桃源。双林村如今的景象在 10 多年前几乎是不可想象的,当年的双林村是当地经济最差的一片区域,村里人多地少,粮食一半靠供应,买米的钱主要靠上山打柴,后来烧柴的少了,青壮年就大多外出打工,村庄逐渐破败、环境脏乱、人心涣散。新一届村领导班子决定从整治环境开始,全面改变村庄的落后面貌。从那时开始,村里先后开展了 30 余次环境整治工作,全面清理了露天粪缸、旧宅基等。同时建立厨余垃圾处理中心,在主要场所和路口增设垃圾分类箱,落实垃圾分类及门前三包责任制,确保村内垃圾不落地,村容村貌整洁有序。紧接着,双林村完成了村内湖泊道路的全面规划建设,建起了面积为3000平方米的人工湖,湖中建造了湖心亭,湖边修筑了600米长的沿湖道路,两侧砌筑岩石,设有绿化带,整个村庄处于山清水秀、整洁优美的环境之中。全村在完成道路"白改黑"工程的基础上,争取资金将自来水管、电力线、电视光纤、通信电缆、排污管道全部埋入地下,消除了私拉乱接的"蜘蛛网"现象,更使村里环境有了大幅提升,一改以前脏乱差的面貌,实现了破旧老村到美丽新农村的转变。

2009年,宁海国家登山健身步道一期建成,村干部带头并动员了村里5户人家开始开办民宿和农家乐试点。为了解除村民的后顾之忧,村里专门和上海某旅游网签订合作协议,试行保底经营。没想到这山沟沟里的农家乐一下子就火了,各地游客络绎不绝,节假日更是一房难求。这都依托于村子的山水资源。双林村紧依宁海最高山峰之一的东海云顶,也是汶溪水

宁海县双林村

域的源头,有"浙东的小九寨"之称,全村绿化覆盖率达到了90%,村民可谓天天生活在"氧吧"里。村里在汶溪的上游筑了一条坝,形成了一米多深的水潭,保持了乡村溪流的自然原状,同时对整条溪道进行清理,去除原先硌脚的硬石,铺上鹅卵石,这样游客就可以光着脚丫踩踏溪水。在此基础上又对村里的基础设施进行了改造提升,建成了集便民服务、旅游咨询服务、医疗卫生服务等功能的社区综合服务中心和旅游集散中心,实现了农村设施景区化,让游客在享受自然风光的同时,又有安全舒适的体验。目前农家乐已成为双林村最主要的产业,全村200多户共开办46家民宿和农家乐,各家店招牌整齐划一,红底黄字写着"双林农居"和自家编号,极为醒目,成为双林村最为显著的标识。村里不断创新发展机制,探索形成了工商资本、村级集体、农户家庭三方投资,自主经营,统分结合,各司其职的多元化、多层次、广覆盖的经营模式,对内进行统一的管理和协调,对外开展统一的宣传和营销,带来了非常稳定的客源,节假日全村600多张床位全部爆满。这也让双林人意识到保护好绿水青山就等于赢得了"金山银山",村民有了更强的自觉维护环境的意识,村里环境整治等工作推进得十分顺利。

在大力发展村级经济的同时,双林村按照"搭平台、树典型、促整体"的思路,确定了以"优民风、正村风、树新风"为主题的方案,广泛开展文明创建活动,倡导文明新风尚,促进社会和谐稳定。组织开展了"我身边的道德模范""文明家庭""绿色家庭""学习型家庭"等评选活动,采取示范带动、典型引路的方式,自下而上,由群众评选,产生了很好的效应,开辟了一条村民引导村民的新路子,在群众中树立起良好的文明之风。注重加强新时代农民培养,举办法制道德教育、家庭美德教育以及妇女儿童权益保护、礼仪和经营管理等培训,开展法律进农家和道德教育图片展览等,不断增强村民的法律意识和法治观念。村里成立了姊妹护航志愿服务队、党员志愿服务队、青年志愿服务队等,结合新时代文明实践活动,组织开展志愿服务活动,积极参加环境整治、政策宣传、平安巡逻等工作,特别是在这次新冠肺炎疫情

防控期间,各志愿服务队每天轮流到卡点执勤,发挥了强有力的引领作用。

双林村不断丰富村民的日常文化生活,村里有女子健身队、腰鼓队、象棋队、乒乓球队等多支文体队伍,充分利用闲暇时间,以村里"百姓大舞台"为演出平台,不定期地进行文艺会演,不仅充分调动了村民参与文化活动的积极性,丰富了村民的业余文化生活,更促进了村民的相互交流和团结,孕育了浓厚的文化氛围。同时,还借助村文化礼堂等阵地,开展"书画进万家""周末喜相逢"等文化活动,不断满足群众的精神文化需求。组织实施"深化移风易俗、整治陈规陋习"专项行动,由村"红白理事会"、老党员、老年协会、妇委会等为组成成员,以事前劝导、事中监督、事后记录的方式,对婚丧事宜进行有效的引导,进一步扩大提高移风易俗工作的宣传面和知晓率,引导村民摒弃陈规陋习。

近年来,双林村依托优越的人文资源和生态资源,与中国美术学院、宁波大学潘天寿建筑与艺术设计学院签订合作条约,采取校地协同、艺术家驻村等方式,在双林村打造名师工作室和培训教室,引进艺术性人才,通过艺术振兴乡村,为创建艺术特色村打下扎实的基础,从而推动双林村实现艺术性、品牌化的高质量发展。另外,结合"设计改变生活"行动,通过艺术写生基地打造,借助大学生艺术设计驱动乡村文旅的创新,挖掘村内特色农产品,通过艺术设计的方式赋予产品独特的内在意义和价值,将文创产品从内涵到外在进行重构,打造双林文创产品品牌。

下一步,双林村将继续以艺术振兴乡村为重点,打造艺术特色村,用艺术的本土化方式寻找一个乡村旅游民宿可持续发展模式,搭建起沟通城市人和乡村人的桥梁,不断增强影响力和吸引力,提高文旅产业的档次和水平,从而进一步发展壮大集体经济,提高村民收入,推动社会主义新农村建设向更高更好的目标迈进。

象山县方家岙村

激活优质山水资源 谱写美丽乡村新篇

方家岙村位于象山县墙头镇的南部,区域面积 5.2 平方公里,有耕地 1300 亩、山林 6500 亩,有农户 674 户、人口 2124 人,有党员 59 名。近年来,通过充分激活优质山水资源,方家岙建成了集生态观光、休闲度假、健康养生、农事体验等为一体的旅游景区村,谱写了美丽乡村建设的新篇章,获评国家级生态村、国家森林乡村、浙江省美丽宜居示范村、浙江省休闲示范乡村、浙江省农家乐示范村、浙江省老年养生旅游示范基地、浙江省 3A 级景区村庄、宁波市最洁美村庄等。

方家岙村已有 760 多年的历史,村子三面环山、一面临海,可谓有山有水、面向大海,自然禀赋独特,人文渊源深厚。但村里人多地少,曾经是象山县有名的穷村,直到 20 世纪 90 年代,从墙头镇到方家岙村的路还是一条泥土路,雨天一身泥、晴天一身灰,村民出行非常不便,也阻碍了村庄的发展。1993 年,经村民大会反复商讨,村民一致决定要修路,大家齐心协力,不分男女老少按人头每人出工 4 天,只 4 个月就完成了路基工程。当时有在外打工的村民,宁可放弃比较高的收入,也要回到村里参加路基的建设。

2002年,为改善村容村貌,村里商议决定清除粪坑。可大大小小700多个粪坑,不少村民并不舍得抛弃。经过一次次激烈的村民会议,村民间互相做思想工作,最终方家岙村的"毒瘤"全部被清除,小山村一下子就改变了面貌。与此同时,村里开建了生态公厕、停车场等基础设施,建成了大雷溪漂流、环溪观光游步道、溪流观光长廊、生态游泳池、垂钓中心以及烧烤基地等。从上游方家岙水库开始,一路下来串联打造出"走绕村小道、享天然氧吧、览村落风情"的乡村旅游风景线,一个全景花园式的特色村落展现在人们眼前,吸引了多方游客慕名而来,绿水青山成为方家岙村老百姓增收致富的绿色银行,也成为人们休闲游玩向往的美丽景点。

随着村庄面貌的改变和游客人数的增加,方家岙村开始探索发展民宿经济,推动乡村旅游由传统的"看半天吃一顿"向"玩一天住一宿"模式转变,引领乡村旅游产业提质升级,从美丽乡村迈向美丽经济。转折点出现在2012年的一个夜晚,当晚的村民说事会上,有村民提出尝试开办农家

乐。第二天村里就组织党员干部到邻近的村学习取经,回来后商议决定也要把民宿开起来。但万事开头难,村民们都没有信心投资。于是村干部带头,并动员几户农家开始尝试办民宿,并很快打开了局面。从此一发而不可收,方家岙村的民宿从7家很快发展到了现在的41家,共有床位810张,一张床位的年收入超过1.2万元,最好的一家民宿一年纯利润超过30万元,村民真正实现了在村里就业、在家里

赚钱的愿望。而民宿每安排一位游客住宿,就按规定自觉上交给村里8元钱,每年为村里增加了一笔可观的集体收入。村里因势利导,建起了集咨询、服务、购物、便民服务、警务调解于一体的游客服务中心,配备了专职的工作人员,既服务本地村民,也服务外地游客。还建了10个停车场,有停车位800个,极大地促进了民宿的发展,并为游客提供了便利。随着民宿经济的不断发展,来方家岙村的游客越来越多,村民们喜欢把自家产的土豆、雷笋、土鸡蛋等农产品拿到路边售卖,为了给老百姓提供场所,完善旅游配套功能设施,村里建起了乡村集市,每天早上和傍晚,新鲜欲滴的瓜果蔬菜等农产品直接从田头摆上集市,受到游客的追捧。家乡发展红红火火也吸引了大学生和在外创业的青年,村里适时成立了新乡贤参事会,促成了不少人回乡

创业,为家乡发展带来了新的思路。几年前引进的青椒农场把虚拟化的农场现实化,打造可以线上线下同步观光采摘、农事体验、亲子游的旅游项目,丰富了村里的旅游业态。目前,村里年接待游客已达22万人次,实现旅游经营收入3800余万元,带动村集体经济收入突破200万元,实现了村强民富的双赢目标。

早在2010年,方家岙村就建起了"村民说事亭"。村领导班子每天晚上6点半准时开碰头会,老百姓也习惯了晚上找村干部说事,"夜夜说事"别具一格,从邻里间的细微摩擦说到村里的发展大事,从只有村干部参与的小会到村民、新乡贤、游客积极参与的大讨论。渐渐地,村民参与商议村事已经成为方家岙村治理的日常场景,村民敞开说村事、热心议村务、协力办村事,构建了融说

事、议事、办事、评事于一体的村民说事制度规范,走出了一条共商共信、共建共享的治村新路子。从2015年开始,方家岙村为了无缝对接民宿、游客、村民之间的利益契合点和需求连接点,又探索开展了"游客说事",创新"党建+旅游"新模式,因地制宜找准乡村旅游发展定位,完善提升旅游要素,实现民宿经济良性发展。通过村民说事,全村年商议村级事务有100多件,办结率100%,村民满意度达95%以上。

在经济发展和村民富裕的同时,方家岙村不忘加强思想道德建设和提高村民文化素养。村里成立了道德评议会,发布方家岙村诚信指数考评倡议书,要求党员干部发挥带头作用,特别是在村庄管理中的引领作用,为和谐村庄建设做出新的贡献。制定方家岙村"村民诚信指数"考评体系,每季度对每户进行考评打分,完善奖惩体系,提升村民文明素养。强化德治约束,为民宿党员经营户、诚信经营户进行亮牌,鞭策全体民宿业主努力提升服务能力、优化服务环境,为游客提供更加优质的游览体验。积极培育宣传道德典型,每年开展尊老敬老模范、"最美媳妇""美丽庭院"等评选,并进行表彰

鼓励,以道德建设滋养村庄文明,提升村民的文明素养,培育弘扬农村新风尚。充分发挥农村文化礼堂的作用,丰富文化礼堂的法治元素,挖掘本地的法治典故、道德故事、法制案例等,并在文化礼堂里进行展陈,营造浓厚的法制宣传氛围。在村子中心建起了"百姓大舞台",并开办周末文旅剧场,邀请专业剧团和音乐学院的学生等来举办演出活动,丰富村民和游客的精神文化生活。

从曾经的经济薄弱村发展到如今的生态旅游热门村,方家岙的美丽蝶变,是"两山"理论的成功实践,也是"千村示范、万村整治"工程和美丽乡村建设成功的缩影。方家岙村决心沿着这条道路继续走下去,做深做实"旅游+体育"和"旅游+文化"两篇大文章,让村庄更美、让村民更富,争取两个文明协调发展、共同进步。

044

象山县溪里方村

乡村风貌存古朴　乡风文明创和谐

溪里方村位于象山县墙头镇的南部,因村子的东西两侧有溪,蜿蜒流过村庄,村民又大多姓方,故而得名"溪里方"。区域面积1.7平方公里,有耕地520亩、山林1501亩,有农户252户、人口670人,有党员39名。近年来,溪里方村坚持守护绿水青山,全面开展环境整治,大力发展文旅产业,以传统文化助推乡村治理,走出了一条乡村振兴的特色发展之路,获评浙江省历史文化名村、浙江省3A级景区村庄、宁波市最洁美村庄、宁波市历史文化名村等。

溪里方村已有600多年的历史,是明代文学家、思想家方孝孺的后裔聚居地,曾经的文官武将留下了数十栋考究的古建筑,这些古建筑在村里连成一片,有"九房三堂"之称,虽经百年沧桑,但仍旧保存完好,透过精致大气的院落、雕梁画栋的祖屋,依稀可见当年的雄浑气势。但几年前,这里还是一个落后村,直到2012年,在推进小康村建设过程中,溪里方村抓住时机,针对古村落这一特色,突出乡愁情怀,合理规划村庄布局,大力改善人居环境,着力打造"看得见山、望得见水、记得住乡愁"的田园村庄。村里决定盘活闲置的老房子,让村里沉睡的古建筑"活起来",保护利用好这最好的文化资源,吸引更多的人来村里寻找乡愁。他们采取先保护修缮后开发利用的方式,通过"三权分置"的尝试,联合村民一起活化利用这些修缮后的古建筑,确保村庄建筑古迹和谐融入村庄规划,让古建筑重新焕发出生机,为乡村振兴、农民致富提供新途径。村里前后累计投入950万元,保护修缮古建筑15栋,对恭房、仁三房等民居古建筑进行适度开发,建成浙江省首家村级美术馆,并引进上海乡伴文旅集团合作建设文旅公共业态示范基地,精心打造集生态、文化、旅游于一体的历史文化古村落品牌,既活化利用了老建筑,又为村里带来收入。在此举带动下,村民们也纷纷把自己家闲置的房子利用起来,开起了微民宿,加入了旅游行业。这不仅使村子变得越来越有活力,也带动了村民就业,增加了新的收入渠道,让许多村民不出家门也能挣到钱,美好的乡村生活从梦想变成了现实。

溪里方村是浙江省首批开展垃圾分类试点的村子,早在2013年,该村就开始实施垃圾分类工作,这在当时的城里也是少有的事情。为推进这项工作,支部带头、干部先行,村干部学会垃圾分类后,再挨家挨户上门宣传垃圾分类知识。整个村庄分为10个片区,每个片区由一两名党员包干,定期

上门检查,宣传指导垃圾分类工作。每一个垃圾分类点的牌子上都亮出党员身份,为党员设岗定责,倒逼责任落实。村里连开了多次村民大会,普及垃圾分类知识和具体办法,并现场进行测试,一时间垃圾分类成为村里的热门话题。几年下来,垃圾分类已经成了村民的日常习惯,村里垃圾日清运量减少了七成,10个垃圾投放点的垃圾分拣率达95%以上。而厨余垃圾则实现了就地消解,村里搭建起阳光房,将厨余垃圾发酵后生成有机肥料,一个阳光房一年能生产近百吨有机肥料。垃圾不落地了,村里的每一条巷弄都变得干净整洁,村子的面貌焕然一新。

与此同时,该村因地制宜开展了村庄整治工作,高标准实施道路硬化、庭院绿化、水源净化、村庄美化等"四化"工程,着力改善居住环境,提高村民生活质量。几年来,累计改建完成了村民休闲广场、3A级旅游公厕、休闲木栈道等,打造了"一户一景"的美丽庭院80余户,并完成了文化礼堂、中

心公园、休闲长廊、生态停车场等基础设施建设。同时全面整合古村风貌、田园风光、民俗文化,大力发展文化体验式旅游。村里将一座破败闲置的老祠堂,按照"修旧如旧"改建成宁波市首个乡村文旅中心,打造成一个属于乡村的文旅发展交流平台,全村17个旅游节点都链接在该文旅中心,并在"文旅地图"中进行了标注,游客可以"一图走全村"。

在实施乡村振兴战略过程中,溪里方村以基层党建为引领,探索实践自治、法治、德治"三治"融合的乡村治理路子,努力构建现代乡村治理体系,为乡村振兴提供制度基础和重要保障。村里设立了村民会议和村民代表会议等制度,决定本村经济项目的承包、租赁、征地及收益的使用和建设项目的立项等一系列涉及村民切身利益的各项事务。村民说事制度已成为村里解决问题、化解矛盾最有效的依据。通过"有事敞开说、遇事多商量、有事马上办、好坏大家评",推动村庄的有效治理。在此过程中,积极倡导文明新风,探索建立了红白理事会等"四会说四风"制度,在实践中解决了不少群

众期盼解决的难题。村里还聘请了专职律师担任村法律顾问,为村经济发展把好法律关,提供法律服务。同时发动村里的老党员、退休干部、老教师等加入普法宣传队伍,竭尽所能为村民宣传法律知识、提供法律意见、解答疑难问题、化解日常矛盾等,惠及村民,凝聚人心。

作为历史文化名村,溪里方村有着深厚的文化底蕴,村里通过挖掘文化素材,深入开展文明村创建活动,组织开展"最美庭院"评选、"好家风好家训"征集等活动,积极培育农村新风尚。依托美丽乡村建设、法治文化阵地建设,通过微信公众号等新媒体,传播优秀文化和传统道德,弘扬社会主义核心价值观。发挥农村文化礼堂的作用,挖掘本地家风家训小故事、法治典故、道德故事等,将其植入文化礼堂及村内文明示范墙,并发挥

环境卫生督导员、道德引领示范员的作用,对村内不文明行为及时劝导。利用文化礼堂组织开展法治讲座、法律咨询、法治文艺演出、法治电影展映等活动,既丰富了群众的精神文化生活,又引导了村民尊法学法,发挥好道德引领的作用。促进文旅融合,提升村民文化素养,组织举办以"一人一艺"为主题的乡野艺术节,并利用"一人一艺"这个平台,结合艺术普及工程开展艺术培训,培育属于乡村的"草根艺术家",广泛组织村民开展学艺、赏艺、秀艺等艺术活动,丰富群众的精神文化生活。

如今的溪里方村,村庄端庄秀美、环境整洁亮丽、庭院花木繁盛、人文古朴厚重,引来了更多人的瞩目和向往。村里的各项事业蓬勃发展,全省首家乡村方志馆以及德治公园、法治公园、圃舍精品民宿、小石堂乡村工作室、两棵树精品民宿等新项目和新业态已相继落成,村里的发展呈现出新亮点。下一步,溪里方村将继续深化各项工作,积极转化美丽成果,大力发展美丽经济,持续打造以洁净为美、以文明为尚的文化古村。

象山县墩岙村
美丽山村成画卷　乡村振兴展宏图

墩岙村位于象山县泗洲头镇的南部,区域面积2.5平方公里,有耕地580亩、海水养殖面积1000余亩,有农户247户、人口806人,有党员44名。几十年来,墩岙村一步一个脚印实现了从矛盾复杂村向矛盾不出村、从环境脏乱村向景色美丽村、从经济落后村向全面小康村的完美蜕变,获评中国美丽休闲乡村、浙江省美丽宜居示范村、浙江省卫生村、浙江省3A级景区村、浙江省美丽乡村特色精品村、宁波市文明村、宁波市民主法治示范村、宁波市卫生村、宁波市绿化示范村、宁波市生态示范村、宁波市小康示范村等。

墩岙村有着800多年的历史,村庄山清水秀、环境秀丽、产业特色明显,但位置偏僻,三面环山一面路,"前山后山山靠山,羊肠小道九曲湾",是过去墩岙村的真实写照,直到20世纪末,还是全镇最落后的村子,村内道路坑洼,环境脏乱,村情复杂。20年前,新一届村领导班子上任后,从自身做起,加强党建和干部队伍建设,村支书每年亮出书记账单,每季度公示对账情况,让党员村民监督;村干部亮出职责,明确自己的分工和任务;党员亮出身份,共产党员户实现挂牌全覆盖,这不仅是荣誉,更多的是责任。村

风从东方来
——宁波乡村振兴50例

里还制定了党员党性体检制度,通过党员自查、党员群众互查、支部审查,最后出具党性体检报告单,将存在的不足和问题编号上墙公示,督促整改实现分类提升逐"号"摘除。在墩岙村,干部有一个工作原则,就是坚持三个"第一时间":群众有需要,第一时间接待、第一时间赶到、第一时间处理,绝不推脱、拖延、"踢皮球"。他们还建立了村干部包片和党员联户制度,让有困难的群众能找到组织,找到干部和党员。现在村民信任党员、信任干部、信任组织,每次村里有重大活动和工作,村民们都愿意一起来参与。

从2003年起,墩岙村就确定了"干群说事日",2009年全面推行村民

(照片由泗洲头镇提供)

说事制度,到目前打造的村民说事2.0版,已经形成了比较完善的制度和机制。有事敞开说、有事商量办,无论大事小事、难事易事,村里都按照流程集体商量、集体决定,并积极推行"五议说事"、网格说事、新乡贤说事、文明说事等新模式。每次说事会上,党员群众说想法、提意见、评实绩,村干部根据说事达成的共识想对策、明分工、抓落实。村民说事,说到了村民的心坎上,说到了村庄的发展上。10多年来,墩岙村实施了大大小小80多个项目,没有一个项目因村民阻挠而停滞或引发村民信访,都比较顺利地实施和推进,并实现了20年"矛盾不出村"。

2012年,村里争取了环境整治提升村和小康示范村"双创建"的项目,在上级部门的大力支持下,先后投入1000余万元,完成了村庄梳理式改造、南湖水库整治、围湖休闲公园建设、生态河道治理、文化广场改建、环村路接线、文化礼堂建设、登山步道修缮等70余个项目。当时为了解决小工不够的问题,在党组织"奋战90天,建设美丽墩岙"的号召下,全村老少齐上阵,连在外工作的小工也纷纷回村帮忙,大家一鼓作气,在很短的时间内完成了"双创建"的任务。当时宁波市的一位领导来到南湖公园工地旁,连叹了三个"想不到"。在建设美丽乡村的过程中,墩岙村坚持因地制宜,对闲置资源进行综合利用和改造提升,善于借力、凝聚合力,扎实开展了"环境卫生整治""五水共治""垃圾分类"等专项行动,经过多年坚持不懈的整治改造,以前的牛栏塘,成了景观鱼塘;曾经的危旧房,变成了村民休闲广场;过去闲置的荒僻地被开辟成了旅游体验项目,原来脏乱差的村容村貌焕然一新,实现了整村景区化的美丽嬗变,硬是在穷山沟里蜕化成为一个美丽宜居的示范村。

基础设施完善了,村庄环境变好了,可村集体的口袋和村民的口袋还是瘪的,怎么办?村里就组织党员和村民代表外出考察,学习经验、转变观念、引进技术,在做强提升杨梅、柑橘等传统产业的同时,通过土地的流转、荒地的开发,引进种植了300亩桃形李等新品种,产生了很好的经济效益,并在此基础上，逐渐形成了三个千亩基地的产业发展体系。2016年，随着大桥即将通车和乡村振兴战略的全面实施，墩岙村紧紧抓住这个机遇，通过建立乡贤工作室，落实乡贤能人回归工程，充分发挥"乡贤说事"平台的作用，按照"用乡愁牵线、以乡音开路、带乡情进村"的理念，广泛听取意见对策，大力引进新乡贤，注册了望乡旅游开发公司，通过"公司+农户"的运作模式，短短几年的时间里，已经开张了9幢"望乡"民宿，一到节假日便一房难求，等全部18幢"望乡"民宿都开张了，还将加入咖啡馆、茶馆、民俗文化体验馆等，届时将形成更完善的民宿格局。以此为基础，村里积极开发休闲农业、家庭农庄、生活体验等新型业态，先后投入200余万元，在南湖周边建立了以游船区、烧烤区、垂钓区、果树采摘区等为一体的综合性体验休闲乐园，不仅为村集体和村民增加了可观的经济收入，更吸引了越来越多的游客慕名而来，让游客住在民宿、吃在农家，享受泛舟游乐、休闲垂钓、操持农事、体验烧烤，复归自然，寻味乡愁的人生快意。

象山县墩岙村

随着物质生活水平的不断提高,墩岙人更加重视精神文明建设和文化生活的丰富。村里连续多年举办农民文化活动节,每年开展五个"最美系列"的评比活动,评选出了一批"最美党员""最美旅游志愿者""最美媳妇""最美婆婆"等引领乡风文明的典型和标杆,垂范乡里、德润民心,引导更多的村民讲文明、讲和谐。村里还联系文化部门,定期进村开展非物质文化遗产展演和教学,还将墩岙村的山海风情、产业特色、人文历史融入文化创作中,提炼成墩岙村的村歌。村民素质的不断提高,文明新风的不断培塑,进一步促进了矛盾的化解、邻里关系的和谐及社会的稳定。

如今的墩岙村,集体经济已从 20 年前的不足 6000 元飞跃到突破 220 万元;村民收入从 3600 元飞跃到超过 42000 元。走进墩岙村,道路干干净净、树木郁郁葱葱、房屋漂漂亮亮、村民大大方方,一派"环境美如画,生活乐悠悠"的幸福景象。这充分展示了践行"办好农村的事情,实现乡村振兴,

基层党组织必须坚强,党员队伍必须过硬"取得的丰硕成果。村党支部把这句话刻在大石头上,立在村口,让每一个进村的人都能一眼看到。村党支部始终认定,村庄发展要不断进步、不能停步,就要使百姓越来越富,村庄越来越美。因此他们下一步的目标就是:集体经济发展越来越好、村庄建设越来越好、百姓生活越来越好、村风民风越来越好,全力打造"中国梦想、美丽墩岙"。

046

象山县何婆岭村
青山碧水环绕　小桥人家掩映

何婆岭村位于象山县泗洲头镇的最北边,区域面积4平方公里,有耕地545亩、山林2913亩,有农户125户、人口375人,有党员20名。近年来,该村充分依托独特的原生态资源,抓住新农村建设的机遇,积极打造以"生态何婆岭,印象外婆家"为特色的美丽新农村,获评浙江省文明村、浙江省3A级景区村、宁波市最洁美村庄、宁波市特色村等。

何婆岭村已有700多年的历史。据传,当年有位何氏阿婆身体不适,请脚工用小轿抬过山岭去就医,因路滑难走,十分劳累和辛苦。后何氏家人出资,在岭上修路建亭,故名"何婆岭",村庄也由此得名。整个村庄依山傍水、风景秀丽,自然资源丰富,走进村庄,一派整洁秀丽的自然生态风光就映入眼帘,树木青翠葱郁、湖面涟漪清澈、房屋错落有致、溪水绕户迎门,颇有一种远离城市喧嚣、归隐山林的幽美,令人流连忘返。虽然何婆岭村景色秀丽,但过去是这一带有名的脏乱村,一进村就可以看到溪坑两边垃圾成堆、杂草丛生,还有许多露天粪坑。环境脏乱差,又没有产业,村集体年收入不到3000元,许多人不得不离开了村庄,青壮年几乎都出去打工了,有的甚

至几年都没有回来,村子也慢慢萧条起来,逐渐变成了"空壳村"。

村子面貌的改变,源自2012年的村庄梳理式改造,成就于2013年的新农村建设。在上级的要求和部署下,村庄抓住机会,启动了提升村庄品质和打造旅游特色村的建设。村里组织领导班子成员、党员和村民代表几次到县内外先进地区取经,既学习兄弟村的好经验、好做法,又坚持做出自己的特色和品牌,不盲目随大流,不搞大拆大建,而是加强对本地文化和自然资源的保护。他们针对村庄的实际和自然条件,没有一味地拆旧建新,而是提出了"原生态景区化"的概念,建设中尽量保持原汁原味,遵循原有格局,留存一些较完整的古建筑,并巧妙地将拆除的旧材料、旧石板等废物利用起来,修建成栏杆、挡墙、亭阁、花坛、游步道等园林小品。沿溪步道用溪里的

鹅卵石铺成,房前屋后的菜园、小花园被旧梁条、旧墙板点缀在村口和巷尾,组成了原汁原味的一屏一景。在整个施工过程中,村民被充分发动起来,自己拆迁房屋,自己出力做小工等,达到了和谐拆迁,特别是村里步道的建设,是村里妇女们自己到溪坑边捡鹅卵石铺设的。经过一番辛勤劳动和匠心运作,绿树、翠竹、篱笆、古井、步道、菜园等,完美地呈现在人们的眼前,特别是整体打造的溪坑,与青山碧水相映,把芬芳田野、乡村农居的闲情野趣彰显得淋漓尽致。这样改造后,既保留了村庄原有的风貌,又增添了一抹天然的情趣,使农村更加有农村味,原生态更加吸引人。

何婆岭村的一大特色是村内有一条游步道,蜿蜒曲折,贯穿全村,总长3000余米,就像一条项链,几乎把家家户户都串联在了一起。随着乡村原生态景区化的逐步深入,步道上铺设着古朴的石板或鹅卵石,两旁是绿荫葱郁的树木,伴随着流水潺潺的小溪和小溪上雅致的石桥。小桥流水人家,在这里实实在在地展现在人们的眼前。沿着原汁原味的石板路一路走来,人

们可以穿过绿意盎然的花墙,探寻儿时记忆中的古井,观赏农家院子里的瓜果,感受清幽竹林里吹拂的清风,还可在古色古香的凉亭里歇脚,坐在石桥石凳上留影,充分体验山水人家的韵味。

从 2013 年开始至今,结合"三改一拆""五水共治"等行动,何婆岭村共拆除危旧房 126 间,建成景观步道 1500 余米,步道旁修建观光亭 7 座,形成了 4000 余平方米的休闲区。并对全村进行绿化种植,仅竹子就达 30 余种,还建成太阳能垃圾处理站和日处理污水 420 吨的污水处理池,使得全村污水处理率达到 100%。在此基础上,该村依托历史文化遗迹、优美风光山色和竹、林、茶等丰富的自然资源,发展农家乐、民宿等旅游产业,开发烧烤、垂钓、登山、果园、竹林、农活体验等项目,吸引了大批城里人来此观光休闲。尤其是在暑期,一些城市居民带着孩子来村里参加乡村体验游,在这远离城市喧嚣的农村,体验农家劳动或感受田园生活,与大自然亲密接触,陶冶身心。随着游客的增多,村级集体经济从无到有,逐年提高。很多在外打工的村民也返乡开起了农家客栈,现在全村有13家农家客栈,102张床位,年接待游客达到了12万人次,实现旅游收入100多万元。另外,茶叶、笋干、蔬菜顺利外销,而水果不但可以采摘产生收益,还可以通过电商平台销往省外,村民的收入实现大幅增长。在上级部门的大力支持下,日前何婆岭村与上海旅游网旗下的"蛙鸣"电商联合推出了"旅游+互联网"的新模式,同时加强网络推介和媒体宣传,现在,何婆岭村美丽的自然风貌和古朴的乡村风情已更多地被外界知晓。

村庄发展了,村子变美了,村民的文明意识和文化追求也明显改变了。2015年,村干部集资,村民出工起早摸黑到山上砍树,自己出力建造,只用了很少的钱,就将原有百年古建筑改建成占地约250平方米的文化礼堂,并与村文旅接待中心相结合,整个建筑既保留了古色古香的古韵,又具有现代文化的气息。室内除具有文化礼堂的功能外,还有文化长廊、竹文化展示、土特产展销等多个功能区块。室外还建了文化广场、停车场、旅游公厕等,既方便村民接受教育和娱乐,又提供给游客休闲游玩的便利。2015年电影《大轰炸》剧组来到村里取景拍摄,更让村子名声在外,吸引了越来越多的游客,村民在服务态度上也有了很大的改善,精神面貌为之一新。得到了环境和生态带来的"红利",村民们更加意识到保护青山绿水的重要性,过去满地垃圾无人管,现在有游客丢弃在路边的垃圾,村民也会主动去打扫。

作为"泗洲乡韵"农村文明示范线上的一个重要节点,下一步,何婆岭村将以党建为引领,创新"党建+"模式,统筹推进美丽乡村、美丽经济、美丽人文建设,继续做好垃圾分类、电杆上改下、村庄整治和文化提升等工作,加快建设美丽乡村示范村的步伐,加大旅游招商力度,丰富乡村旅游产品,提升村民人文素养,培育文明乡风,以其朴实无华的乡土风情、妙趣横生的田园景色,吸引匆匆过客来这里看看山、观观水、修身养性,抖擞精神再出发。

047

象山县旭拱岙村
党建引领强治理　文明实践促和谐

旭拱岙村位于象山县涂茨镇的东部，由原来的渔村和农村两个自然村合并而成，区域面积3.08平方公里，有耕地1500亩、山林2800亩，有农户350户、人口1136人，有党员59名。就在七八年前，旭拱岙不仅村容村貌差，而且乡风民风也不好。村民赌博成风，派出所仅一天最多就接到7次报警。近年来，正是靠着强化党建引领，创新基层治理，推进环境整治，大力发展产业，村庄面貌显著改善，乡村文明逐步提升，由过去矛盾复杂的落后村转变为远近闻名的明星村。获评浙江省特色精品村、浙江省3A级景区村、宁波市文明村、宁波市民主法治村、宁波市美丽乡村示范村等，并成为全国加强乡村治理体系建设工作会议现场的考察点之一。

坚持党建引领，以"三公六心"加强干部队伍建设。新一届村领导班子上任后，即向全体村民承诺做到"三个公"：想得公心、讲得公平、做得公正；党员干部做到"六个心"：做事要齐心，办事要公心，工作要细心，对待群众要虚心，碰到困难要有信心，做好工作让群众放心。严格落实"书记账本"，制定抓基层党建责任清单和重点项目，年初定账、季度核账、年底对账，倒逼

党建主体责任落实。开展党员"五带头"行动,在遵纪守法、为民服务、艰苦创业、文明和谐、环境卫生中发挥示范引领作用,并每季度对标评定、挂图公示,实现了"三公六心,凝聚百姓一条心"。坚持问题导向,通过"村民说事"让老百姓自己定规则,并形成了包括村内工程招投标、干部和党员义务劳动及政策处理、公章管理等村庄自治的8项制度,做到了让"村干部清白、老百姓明白"。建成涵盖办公、会议、医疗活动等各类功能的新时代农民会所,村庄内的文化长廊建设、垃圾河道整治、小水库改造、停车场建设、污水处理项目落实等相继完成,基础设施不断完善,乡村的生态环境逐渐优化。村民的住房也从最早的茅草屋到瓦片屋,再到后来的平台屋、楼房屋,现在大多数村民已经住上了宽敞漂亮的别墅屋。以"诚信指数"制度为载体,由村领导班子成员和联村干部组建考评小组,深入每家每户进行检查,主要侧重于庭院绿化美化、门前三包、家畜家禽圈养等问题,鼓励村民在房前屋后、庭院种植植物,通过"美丽庭院"评比,激发村民的绿化美化积极性。进行田地整治,在田间地头的空地种上花草树木,放置垃圾桶,用于收集农业投入品的包装物，打造无白色污染区域，取得良好的社会效应和经济效应。

突出"一核心、两重点"，树立风清气正的文明新风。"一核心"即抓学习，注重抓好社会主义核心价值观的培育和践行，全面完成水上文化舞台、田园微党校、先锋劳动体验营、党建长廊、红色经典之夜、道德讲堂等6个主体项目建设，广泛开展党课宣讲和各类文艺演出活动。"两重点"是禁止赌博和成立文工团。2015年10月，村里开始实施禁赌工作。首先从党员干部、村民代表、妇联执委这95户人家开始抓，做到以身作则。之后村里召开了全村的禁赌大会，发布禁赌公告，在公安部门的大力支持下，对提供赌博场所者、提供赌博工具者、赌博组织者进行严厉打击，一下子就刹住了赌博的歪风，村里至今再没有出现过赌博现象。赌博禁止了，村民的业余生活需要丰富，村里成立了100余人的文工团，统一开展文艺活动，文工团自编自导自演30多个节目，向村民宣传党的路线方针政策和村里的"村民说事"、垃圾分类、"诚信指数"考评等工作，还创作演唱了旭拱岙村村歌，营造了积

极向上的良好思想文化氛围。随着正能量的不断弘扬和培塑,村民的思想观念也发生了很大的转变,大局意识不断增强,对村庄的长远发展考虑得多了、对集体的利益更加维护了,村里的各项工作也就更好做了。

坚持人无我有、人有我优,大力发展特色产业。大力发展养殖产业,把400余亩传统养殖产业进行了升级,推出了淡水养殖休闲鱼塘区,吸引游客乘坐竹排、橡皮船,边游玩边撒网捕鱼。做精点心产业,创建点心特色村,主打二十四节气点心产品,还注册了"旭公"商标,将农耕节气与传统手工相结合,创新推出了年糕、麻糍、灰汁团、红豆团、夹沙糕、寿桃等时令点心。在弘扬传统文化的同时,也打造了品牌,提升了村庄知名度。做大乡村旅游产业,不断优化乡村旅游配套设施,结合美丽乡村示范村建设和发展乡村旅游的要求,投资250万元,打造了集餐饮、多功能厅、点心作坊等为一体的"自家屋里"精品民宿。另外,登山步道入口、荷花池、亲子公园、儿童攀岩设施等均已建成,还配套打造了亲子乐园、心湖景点、旅游公厕等设施,村内环境整洁、景观优美、绿意盎然。长假期间,日均游客突破1000人次,村里的集体经营收入已达106万元,同时也带动了村民发家致富。

用好两个法宝,营造安定有序的社会环境。坚持基层治理创新,充分运用"村民说事"和"诚信指数"这两个载体,形成乡村善治倍数叠加的乘数效应。村里大事小事"村民说事",将矛盾问题和发展思路在一线汇集、一线商议、一线办理,有效调动了村民说事的积极性,发挥了干部做事的主动性,督促党员干部有行动,最后让群众有感动。创新推出了"诚信指数",从个人品德、配合发展、维护平安、民主管理等方面,明确村民的责任和义务,确立了邻里合作、配合发展等19项共性考评指数和9条差异化奖惩措施,每季度由党员和村民代表联合开展考评积分,年终将结果运用到信用贷款、村民免费停车场、办酒场所等。自2016年实施以来,逐渐形成了人人讲规矩、守规矩的良好氛围,全村涉及政策性处理的156户农户,没有一户提出异议的。同时深化依法治村,建立了村公共法律服务点,配备公共法律服务自助查询机,设立法治图书角等,推行"信访说事会"制度,积极发挥村法律

顾问、政法干警力量在调解重大矛盾纠纷中的作用,并在沿湖步道上和说事长廊上设置普法宣传栏,公布村法律顾问信息,让村民随时随地接受法治教育或咨询法律意见,推进法治意识入脑入心。

如今,旭拱岙这个曾经闭塞落后的小渔村,已经从默默无闻"蝶变"为远近闻名。下一步,旭拱岙村有五大目标,就是越来越文明、越来越和谐、越来越美丽、老百姓生活越来越幸福、村集体经济越来越强大。正如旭拱岙村歌《向前方》的歌词一样,"向前方,向前方,造福子孙,民富村强"。这既是旭拱岙人的一种干事劲头,也是旭拱岙村的奋斗目标,就是要把旭拱岙村打造成生态良好、生产发展、生活富裕、人文彰显的宜居、宜业、宜游的美好家园。

象山县高泥村
厚植海洋文化根脉　展现斑斓西沪新颜

高泥村位于象山县黄避岙乡西南角,地处象山港与西沪港交汇之地,区域面积3.4平方公里,有耕地691亩、山林4082亩、海水养殖3135亩,是一个靠山面海的美丽渔村,有农户265户、人口860人,有党员50名。村民基本从事网箱养殖黄鱼和鲈鱼等,有"浙江省网箱养殖第一村"的美誉。

高泥村既有山水的秀美,更有海洋的馈赠,自然资源非常优越。但就在10多年前,高泥村还是黄避岙乡的交通末端,按当地土话讲就是"角落头",更是象山县的"最角落头",交通落后、信息闭塞、经济薄弱,基本靠天吃饭。2006年,时任浙江省委书记习近平同志为象山港大桥奠基,2012年大桥建成通车,极大地发挥了周边地区的交通区位优势,也为正处于大桥脚下的高泥村打开了加快发展的全新通道。尤其是这几年来,高泥村紧紧抓住乡村振兴的大好契机,在村党支部的带领下,坚持走"红色引领、绿色发展"的发展之路,依靠全体村民共同努力,发挥山海、人文资源等优势,盘活闲置资源、厚植文化根脉、提升环境品质、创建品牌特色村,实现了从环境"脏乱差"到"洁齐美"的转变,实现了从人均收入不足5000元到人均收入突破

4万元大关的华丽转变,村集体收入也从5万元增加到280万元,村庄面貌发生了日新月异的变化。获评全国无邪教示范村、浙江省文明村、浙江省民主法治示范村、浙江省3A级旅游村庄、宁波市最洁美村庄和市千村绿化示范村等。

高泥村目前是浙江省最大的网箱养殖基地,全村有160户村民从事网箱养殖。近年来,高泥村养殖的大黄鱼、鲈鱼等远销韩国和日本等地,年产值高达1.4亿元,其中黄鱼年产值约1亿元。在大力发展养殖产业的同时,高泥村拟定了"洗脚上岸、两条腿走路"的发展思路,既要把现有的支柱产业做精,又要趁着乡村振兴的东风,把人才吸引进来,并鼓励村民搞民宿、做农旅,大力发展新兴产业。2016年以来,高泥村流转村内600余亩土地,打造了里海荷塘海上田园综合体项目;改造占地1200平方米的原小学旧址,打造成以白墙黛瓦的江南四合院为特色的精品主题民宿安澜别院;依托自然风光,打造面朝大海、尽赏荷花的赏荷轩民宿。同时,高泥村人发掘村

内历史文化资源,清军港遗址和文化长廊成为全象山县爱国主义教育基地;发挥山海资源优势,先后举办"黄鱼百态·趣在高泥"黄鱼美食节、"斑斓海岸"马拉松嘉年华等文化节庆活动,吸引宁波市内外游客近20万人次。这些活动的开展,创新了高泥村黄鱼文化品牌,提升了知名度,也丰富了村民的精神文化生活,并带动了全域旅游的进一步发展。

高泥村面貌的改变是从环境卫生集中整治开始的。因从事网箱养殖,全村的塑料泡沫、木质渔排等生产用具更新得很快,曾经有一段时间,村民家里的庭院里、村里的空地上和海边的沙滩上都杂乱堆放着许多被抛弃的塑料泡沫、旧渔排、破渔网等,给村庄环境造成严重污染。在宁波市开展环

境卫生集中整治行动后,村班子下定决心,一定要把村庄环境搞好。全体党员带头先将自家的生产垃圾清理掉,把自家的庭院搞干净,给村民做出了榜样。同时村里组建了由10名党员、22名村嫂组成的党员志愿服务队和红马甲志愿队开展志愿服务,清理村里的卫生死角,帮助村民整理庭院。在很短的时间里,就清理了一万多只废弃的塑料泡沫、200余副废弃的渔排和100多处的卫生死角,90%的庭院达到了清洁庭院的标准,村内村外的环境大变样。村民们在自家的庭院种植了各色的花木和果蔬,在围墙上装饰各种海洋生物的小饰品,使个个庭院都成了小小的景点,村庄的点滴细节处都渗透着海涂文化、赶小海文化等"斑斓海乡"的元素。

2016年,高泥村又乘上了宁波"斑斓海岸"文明示范线建设的东风,全面开启了打造新时代美丽乡村样板的新征程。这几年来,高泥村根据村庄

实际情况,整体规划、精准发力,设立村牌村标、美化村内巷弄、改造提升农户外墙,共修复和新建高泥村段"斑斓古道"350米,打造观景游步道2千米,创建党建公园,改造村内溪坑,建设3A级旅游公厕,完善清军港遗址周围景区化建设等,成功创建3A级景区村。在"外美其形"的同时,高泥人注重"内美其心",这几年,高泥村在深化落实"村民说事"的过程中融入了高泥村的特色,针对养殖户的实际情况,创新开展了"渔排说事"的形式,村里在码头上专门建立了养殖户"村民说事点",让"村民说事"成为给村民排忧解难的平台。借助"村民说事"的力量,村里还开展了以"四会说四风"为主要内容的新乡村道德提升行动,用红白理事会、家庭联盟会、新乡贤参事会、道德评议会四个特色载体,有效传承婚丧新风、优良家风、和谐村风和最美民风。村党支部还通过组织开展"村民共话乡规民约""代代传承家风家训"等系列活动,不断使文化礼堂、道德长廊等文化阵地焕发新的活力。越来越多的老百姓开始聚集在村活动中心,互相交流养殖心得,一起开展健

风从东方来
——宁波乡村振兴50例

康有益的娱乐活动,不再只围着"讲白搭""搭长城",邻里友爱、守望相助,孝顺长辈、做人厚道,不怕吃苦、勤劳致富已在村里蔚然成风。

在优越的自然环境、高效的村务服务和纯善的乡风民风带动下,高泥村这几年先后吸引了国千人才、国万人才、博士、院士等多类高级人才,让小小的渔村成了投资兴业的热土。如今的高泥村,山峦叠翠、田陌整齐,房舍静谧、海天一色,一派田园渔歌的美丽景象。下一步,高泥村将围绕"党建铸魂、村民说事、招才引智、兴村富民",进一步盘活闲置资源,厚植文化根脉,提升环境品质,做强产业振兴,实现高泥村山上红美人、山下荷花田、海边黄鱼箱、路旁玫瑰花、庭院瓜果香,将高泥村真正打造成美丽乡村的典范、海洋经济的前沿、乡风文明的家园。

杭州湾新区海星村
展美丽乡村新颜 创秀美和谐家园

海星村位于杭州湾新区庵东镇，是"新区西门户""慈溪北入口"，由4个村合并而成，区域面积6.15平方公里，有耕地2000亩，有农户1285户、人口3711人，有党员129名。近年来，海星村坚持党建引领，以美丽乡村建设为抓手，持续加大环境综合整治力度，将昔日的海边穷村建设成了美丽乡村示范村，获评全国文明村、全国森林村庄、全国绿色村庄、浙江省农村引领型社区、浙江省高标准农村生活垃圾分类示范村、浙江省美丽乡村特色精品村、浙江省卫生村、浙江省3A级景区村庄、浙江省民主法治示范村、宁波市最洁美村庄、宁波市生态村等。

2001年并村时，杭州湾跨海大桥尚未开通，海星村地处交通末梢，还是个经济薄弱的落后村，村里负债17万元，连一条水泥路都没有。作为杭州湾新区城市板块的核心区，海星村抓住新区开发和大桥建设的契机，全面推进新农村建设，积极做好开发建设的服务保障工作，相继协助完成了一系列重大工程项目的征迁任务，累计征地6200亩，拆迁房屋715户，拆迁规模超过村庄三分之二的人口。与此同时，依托重大项目工程拆迁安置小区的

辐射功能,加快农村新社区建设,先后进行了两期旧村改造,完成700余幢别墅组成的海星小区建设,在始建时间、建设标准、村民入住比例上均为领先。同时加大基础设施投入力度,完成了小区的道路硬化、绿化、亮化工程,逐步形成布局合理、环境优美、服务齐全、生活舒适的农村新社区。

结合高速桥下空间整治和"三居"专项行动,海星村持续加大投入,大力开展环境综合整治,实施拆违拆旧,动员党员联户进行改建,完成难度最大的海星小区500余户蓝色钢棚改建提升工程;村内"两横三纵"框架道路实行"白改黑";沿江两侧进行景观河道改造,设置了游步道;建设生态停车场,新增公共停车位近 200 个;完成 4 万平方米的墙体改造,新增公共绿化面积 5 万平方米。还充分利用桥下空间、房前屋后、空地边角地等,抓好庭院绿化、道路两侧绿化和休闲公园的绿化建设,将绿化建设与地形地貌、风土人情等有机融合,丰富品种、见空插绿、整体美化,绿化覆盖率达到 78%,庭院绿化 1157 户,绿化比例超过 90%,极大地改善了村容村貌。走进海星村,只见一排排白墙黑瓦的别墅,一条条宽敞整洁的道路,景色秀美的乡村犹如一幅画卷徐徐展开。

2017 年初,海星村开始垃圾分类试点工作,围绕"家庭全参与、网格全覆盖、村级全推动"的目标,充分发挥党员服务和"先锋户联"作用,每名党员身兼"三大员",即操作员、宣传员、监督员,在自身做好示范的前提下,党员联户做好宣传和监督工作。网格支部将垃圾分类列入重要议题,结合党员联户、网格支部项目认领等工作,组织开展党员志愿服务活动,形成"党员带头、人人参与"的良好氛围。同时,将垃圾分类列入村规民约,纳入常

态化管理,并采用积分制的方式以分代奖,促进村民增强对环境卫生和垃圾分类工作的主体意识。现在海星村垃圾分类已在全村范围内推开,实行垃圾"四分类"法,厨余垃圾分类正确率达到95%以上,厨余垃圾成肥设备日处理量近1000公斤,垃圾分类已经成为海星村的一种新时尚。

为巩固全国文明村创建成果,提升村民文明素养和美化村庄环境,海星村利用远程教育、业余党校等对村民进行文化知识、文明礼仪的培训,培育文明乡风,推动精神文明建设。以文艺宣传为主要形式,与村里的老年大学相结合,加强对村民的教育,进一步提高村民的素质。组织开展"五好文明家庭""美丽家庭""美丽庭院""庭院示范户""生活垃圾分类优秀户"以及优秀家风、家训、家规评选活动,通过党员对所联农户的家庭文明情况摸底和庭院环境走访开展评比,并要求党员对联户群众中存在的不文明行为及庭园不整洁情况进行劝导和整改指导,使村民精神面貌和村庄环境面貌发生了大变化,道路变宽了,河道变清了,环境变干净了,村庄变美丽了,邻里变和谐了,达到了"流畅、水净、岸绿、景美"的整体效果。

海星村文化礼堂将传统文化与先进科技相融合,集科学性、功能性、互动性、展示性等为一体,彰显海星村的地域特色。以此为平台,村里组建了戏曲、歌舞、太极拳、健身操等多支文体队伍,积极组织开展农民运动会、广场文艺晚会、龙舟比赛等各类文体活动,并经常性地组织本村队伍参加邀请赛和比赛,均取得了较好的成绩,丰富了群众的精神文化生活。村里的假日学校充分发挥作用,开展"五水共治"、垃圾分类、"晓历史、知文化"等主题教育活动,组织中小学生听老党员、老战士讲述革命故事,开展急救知识、消防知识、安全知识的讲座等。

海星村通过党员带头示范,积极发动群众力量,齐心协力推进美丽乡村建设,努力走出一条共建共享乡村振兴的路子。设立党建长廊、党员责任区、党员责任岗,充分利用文化礼堂、党员中心户、片区民主议事室等学习阵地,开展政策宣传、文化知识、农业科技、健康教育、文明礼仪培训等,大力弘扬社会主义核心价值观。通过常态化开展垃圾分类宣传、实地巡河巡道、拆违治乱入户劝导等志愿服务和主题党日活动,发挥党员在垃圾分类、公益设施维护、绿化养护、"三改一拆"等方面的引领示范作用。依托"村民说事"平台,引导村民主动参与村庄建设治理,全村形成了"小事党员帮扶、难事网格调解、大事齐抓共管"的氛围。

近年来,海星村着力推进村史建设,留住历史文脉,培育文明乡风。在文化礼堂,存放着数十种旧时的生产、生活用具,有的已经有100多年的历史。所有老物件都是村民自发捐赠的,并详细描述了名称和用途,记载着海星村极具地域特色的海塘文化。村里还专门编辑出版了《海星村志》,里面记载了150余年间海星村人围海筑塘、改盐为农、全面发展的历史,告诉人们这是一个有"味道"的海滨小村,这里岸青水绿、风景如画,更有广阔的海涂、连片的农田,在这里可以观海鸟、听海风、吃海鲜、看夕阳。

下一步,海星村将继续以文明创建为载体,紧紧抓住杭州湾新区建设发展的契机,以拆违植绿、村庄整改、村容提升为重点,并积极探索开展民宿、休闲农业、观光等乡村旅游业,将海星村建设成为村民共建共享、民风乡风文明、宜居宜业宜游的美丽幸福新家园。

东钱湖旅游度假区城杨村
探艺术振兴乡村路　绘美丽宜居家园图

城杨村位于宁波国家级旅游度假区东钱湖南翼,区域面积 0.6 平方公里,有耕地 598 亩、山林 4200 亩,有农户 360 户、人口 910 人,有党员 35 名。进入 21 世纪,这个昔日的鄞东千年古村,经过高标准建设,特别是以艺术振兴乡村的策略,人居环境及治理水平不断提升,村风民风显著好转,党群干群关系更为融洽,获评浙江省文明村、浙江省生态村、浙江省 3A 级旅游景区村庄、宁波市美丽乡村示范村、宁波市最美乡村等。

城杨村历史悠久,唐朝末年,乐安侯到这里选址建墓,并委派陈氏家族居住于此守墓,因此,村庄便取名为陈家呑村。随着时间流逝和人口迁徙,杨姓人口渐渐占了一半以上,便改名为城杨村。村子四面环山,两条小溪穿村而过,拥有古村、古寺、古树、古桥、古道等众多自然和人文资源,可概括为"七个 ":" 山",几千亩的原生态森林;" 寺",千年古寺白云寺;" 道",宁波市十大古道之一的亭溪岭古道;"一溪",长年流过城杨村的亭溪;"一桥",中华民国时修建的永安桥;"一庙",沿湖十八裹之一的裴君庙;"一树",千年古树银杏。

作为一座千年古村落,村中乡风民俗甚多:秋收以后家家要用传统工艺做年糕以备冬春作点心食用;岁末年初谢神祭祖,春节拜年祝酒互祝好运、共庆团聚;元宵节上演大头娃娃、跑马灯、踩高跷等项目;立夏节家家户户煮茶叶蛋、吃红枣粥、称体重,以求身强力壮;端午节在门楣上悬挂菖蒲蕲艾,贴"端午老虎"、喝雄黄烧酒、做香袋,新婚女婿挑着烟、酒、鱼、肉、粽子等节货双双回门孝敬岳父母;立秋村民有吃炒货、瓜果之习俗,初庆五谷丰登之意;冬至夜是一年中最长之夜,俗话说:"做做夏至日,困困冬至夜",冬至清晨家家吃番薯汤果,寓意美好,等等。

虽然城杨村有很好的区位优势以及独特的自然禀赋和深厚的文化底蕴，但是长期以来由于缺乏一个有效的载体而没有被激活，从而真正转化成"金山银山"。令人庆幸的是，在上级部门的牵头协调下，从2020年开始，城杨村依托中国人民大学艺术学院丛志强教授团队，通过艺术赋能村民，激发村民内生动力，让村民回归成为乡村振兴的积极主体，从此全面开启了艺术振兴乡村的全新实践。

丛教授团队曾入驻宁海县葛家村，使原本偏僻的小山村一跃成为"网红村"。这次他们转战到城杨村，第一期目标主要是沿村里的亭溪布点，将古树、古寺、古桥等资源利用起来，建设一个具有研学和疗休养功能的旅游目的地。通过实施村民赋能行动，努力破解"政府干、村民看"的现实困境，让村民自己动手建设自己的家园。同时通过微景观建设和重要节点打造，将乡村景观线路和片区化服务集聚，打造多元公共空间，引入研学、疗休养、民宿等产业，并将村民的院子转化成景点，景点融入商业，帮助村民实现在家门口赚钱的目标。

村里成立了"村民+研究生团队+镇驻村干部"的艺工队组织，按照条块结合的原则，探索实施项目牵头人负责制的管理模式，下设木匠、泥匠、漆匠、篾匠等4个专业组，同时配备技术顾问、现场督导、艺术总监及活动策划等专业人员。项目牵头人根据各节点需要，统筹调配专业组人员，各组组长在项目经理的统一安排下，在各种区域内开展有关工作。为了调动村民开办民宿、农家乐等经济实体的积极性，村里在充分调研的基础上，第一时间出台了支持民宿、农家乐、奶茶店等商业实体的扶持补助政策。并成立了东钱湖丛艺术振兴研究院城杨基地和宁波市委党校现场教学基地，吸引全国各地的农村干部、政府机关人员以及游客等来此参观交流。

在丛志强教授设计团队的带领下，城杨村干部群众上下同心、全力以赴，村民参与乡村建设的激情与能力得到了有效激发，奋力跑出了艺术振兴乡村的加速度。全村共组织了6支近80人的艺工队，除下雨不能施工，基

本上每天都奋战在施工一线。在不到两个月时间里，3位村民用1500斤毛竹编织出了一顶直径6米、高1.7米的巨型"农夫的草帽"，之后又编织出了一个高7米、底部直径为2米的巨型酒瓶，这两件作品已经成为村中地标景观。在实施村民赋能行动中，村民的思想意识、眼界格局也发生了巨大的变化，他们变得更加自信、更加友好，涌现出了99岁老奶奶送西瓜和村民无偿捐花美化村庄、主动拆除陈年违章建筑、将别墅无偿提供给村里作为公共空间等一大批非常感人的好人好事。

目前，村民自己动手打造的帽语展艺坊、开物水车坊、自珍筥帚馆、木心精工馆、盎然知竹馆及杏缘手工坊等已建成，由归国博士与村民合作创办的竹筒饭实体门店即将开业，由"益马当鲜"大学生创业团队、中国人寿保险及城杨村三方合作共建的"益马当鲜"智慧共享农场基础设施正在加紧施工中。由东钱湖文旅集团打造的钱湖居民宿也已试营业。通过因地制宜，就地取财，变废为宝，原先不起眼的瓦缸变成了如今的溪畔灯箱，原本堆放建筑垃圾的角落变成了游客拍照打卡点,原来废弃的猪舍变身咖啡馆等等。村里的公共空间及部分村民的院子变得更加整洁干净有序,而且充满了艺术气息。

城杨村全面开启"星火点亮微网格、党员引领微治理、干部助推微发展、艺术引爆微振兴、群众共享微幸福"的乡村振兴"五微模式"。在实施"书记一点通"的基础上,按照"地域相邻、人文相亲"的原则,实行"党建+网格化"管理,将全村细分为5个微网格,把门前三包、民生服务事项代办、垃圾分类普及、违章搭建管控、邻里纠纷调解等与基层治理相关的工作统一纳入网格任务。坚持常态化走访摸排,做到房屋户数、人员信息、群众诉求、困难群体"四清楚",帮助困难群众解决日常生活中遇到的难题;及时掌握村情民

意,倾听村民呼声,反映村民诉求,分层分类予以处置,及时把矛盾化解在网格内;把民心凝聚在网格中,实现"大事不出村,小事不出网格"的目标。

随着艺术振兴乡村和村民赋能行动的深入推进,村里的许多公共空间正在发生美丽"渐变",城杨村掀起了一股从未有过的创业热潮。接下来,村里将以"微改造""巧更新""陪伴式发展"为特色,继续进行从生活空间、生产空间的环境提升到乡村公共文化休闲空间的打造,助力村民产业提升和收入增长,促进传统产业转向一、二、三产融合发展,把城杨村打造为国际知名旅游村,争做艺术振兴乡村的"模范生",探索一条"创智钱湖"建设、乡村振兴的新模式、新路径。

Afterword | 后 记

50个村的文章到2020年底,终于都写好了。

从2019年下半年开始,我前前后后、陆陆续续跑了100多个村,并选择了其中50个村重点走访调研,实地查看了解村庄的发展状况,座谈听取干部群众的所述所思,以探寻农村发展轨迹、总结成功经验、思考发展奥秘,着眼发展前景。

我认为自己是在做一件有意义的事情。农业、农村、农民问题,一直以来都是关系国计民生的根本问题,而解决好"三农"问题更是全党工作的重中之重。宁波作为沿海较发达地区,几十年来走出了一条切合中国特色,符合时代特征、具有宁波特质的"三农"发展之路。可以肯定地说,农村的变化是巨大的,而且是实实在在的,农村也好,农民也好,城市也好,市民也好,我们大家都是受益者。这一切都值得很好地总结提炼、研究探讨、宣传弘扬。

调研工作时间较长,也是较辛苦的。我基本上是一个人开着车,直接到村里去,点对点地走访、面对面地交流。一年多时间,行走在乡间田野,沉浸于乡土风情,体验着乡村振兴,掌握第一手资料、感悟最基层的情怀,可以说收获颇丰、感触良多。

感谢有关领导和专家,对我的选题给予了充分的肯定,并对我的调研给予诚挚的鼓励和有力的支持,顾益康老师还在百忙之中专门为此书作序;感谢各地宣传部、文明办和乡镇(街道)的领导和同志们,对我的调研给予极大的帮助和全力的支持,积极提供调研村庄的名单以及相关的资料和图片,不厌其烦地帮我联系落实调研的人员、路线,以及调研的内容和方式等;感谢各村的书记、干部和群众,正是有他们努力的拼搏和辛勤的工作,才描绘了如此波澜壮阔的农村改革发展蓝图,提供了乡村振兴的样板,他们中的许多人我已经是多次见面,缔结了深厚的友谊,很多人是初次见面,从此也成了朋友;感谢有关同志为本书的编辑出版做出的贡献和努力。谢谢大家!

因时间和篇幅限制,还有许多好的村庄没有列入本书的写作范围,深感遗憾!也因为自己水平有限,没有更好地写出这些村庄的风采,文章中也一定有许多不足之处,敬请大家批评指正。随着全面推进乡村振兴,农村大地一定会掀起新的更大的发展热潮,一定会涌现出新的更多的新农村。我期待着看到农村更加靓丽的风采。

2021 年 6 月